Unsere Träume...

..wirklich nur Schäume ?

B. Mich. Grosch

ISBN-10: 1539159892
ISBN-13: 978-1539159896

Widmung

Dieser Band sei gewidmet Rafiq Rahman, der mir lange Zeit eine große Hilfe war und mich mit zahlreichen Menschen in Kontakt brachte.

Inhalt

DANKSAGUNG

Mein besonderer Dank gilt Rafiq Rahman, dem dieser Band auch gewidmet ist und der mir in vielen Dingen behilflich sein konnte.

i

EINFÜHRUNG

Die Frage, ob Träume lediglich Schäume sind, lässt sich nicht mit einem klaren JA oder NEIN pauschal beantworten.

Sicherlich verarbeitet das menschliche Gehirn in der Nacht Ereignisse der Vergangenheit, welche man als unerheblich für die Zukunft oder unser Dasein bezeichnen kann. Doch ist dies gewiss nicht bei allen unseren Träumen der Fall.

Der Mensch ist ein Teil der Natur und somit auch ein Teil natürlicher Kräfte – seien diese uns mittlerweile bekannt oder auch unbekannt. Durch dieses Teilhaben an unserer Umgebung sind wir verbunden mit dem, was Mancher das Schicksal nennen möchte. Ob wir nun manche Zusammenhänge verstehen oder nicht, sie sind da und sie sind Teil unseres ureigenen Selbst.

Träume können Wünsche darstellen, aber auch tatsächliche zukünftige Begebenheiten ahnen, ohne dass wir, die Träumenden, dies immer erkennen.

Es steht außer Frage, dass es sogenannte Wahrträume gibt, doch sollte nicht jeder Traum rundweg als Vorschau auf unsere Zukunft bewertet werden.

Ein Traum sollte als Mahnung und Zeichen angesehen werden – nicht als unabwendbares Schicksal an sich, an dem man 'sowieso nichts ändern kann'.

Ein Traum mag uns den Weg zum Brunnen weisen, doch dahin gehen müssen wir selbst, um unseren Durst zu löschen.

Außerdem sollte beachtet werden, dass manche Symbole in unterschiedlichen Kulturen auch eine unterschiedliche Bedeutung für den Träumenden darstellen.
So gilt im Europäischen Kulturkreis die Schlange als ein böses Omen, während beispielsweise in Indien die Kobra ein fast heiliges Symbol darstellt.

Der Adler

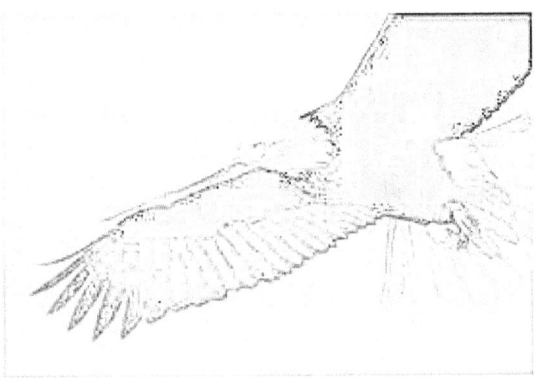

Der Adler wird assoziiert mit Weitsicht im Sinne von Überblickund auch mit Kraft. Er gilt zudem als mutiger Räuber und zugleich als ein Hüter des Geistes.
Der Adler geistert schon seit uralten Zeiten durch die Vorstellungskraft der Menschen. So gilt seine Feder in vielen Kulturen auch heute noch als ein Zeichen der Ehre, das mit Stolz getragen wird.

Die Europäische Traumdeutung sieht im Adler ein Symbol für die Sehsucht nach Freiheit und der Fähigkeit zur Motivation. Sieht man im Traum einen lebenden Adler, so steht dies für Reichtum und Glück.
Auch bedeutet es, dass eine Krankheit einen glücklichen Verlauf nimmt.
Sieht man ihn in den Lüften aufsteigen, bedeutet dies Aufschwung im Sinne guter Geschäfte.
Ein fliegender Adler gemahnt vor Unglück, das vor

unseren Augen liegt.

Sieht man ihn die Flügel schlagend im Fluge, so will ein Feind Einem schaden.

Kreist der Adler in der Luft, so wird ein Mann zu einer Ehrenstellung gelangen – eine Frau wird einen angesehenen Mann heiraten.

Fliegt der Adler sehr hoch, zeigt er große Pläne, die durch Ausdauer und Mut zu einem glücklichen Ende gelangen können.

Kreist der Adler in großer Höhe, steht eine freudige Überraschung bevor.

Stürzt sich der Adler auf seine Beute, so kann man einen erfolgreichen Schlag gegen seine Feinde landen.

Beute in seinem Schnabel bedeutet ein gutes Geschäft.

Wird man im Traum vom Adler attackiert, drohen dunkle Gefahren.

Fängt man den Adler, so besiegt man einen Feind oder aber erleidet auch einen Verlust.

Ein toter Adler steht für die Machtlosigkeit der eigenen Feinde.

Ein weißer Adler kündigt eine Erbschaft an.

In der Arabischen Lehre der Traumdeutung steht der Adler für den Herrscher und was ein Träumender vom Adler bekommt, wird in Erfüllung gehen, ob Gut oder Böse.

Wird der Adler von Jemandem im Traum versorgt, so wird er von seinem Herrscher zu hohem Amt erhoben werden.

Isst ein Herrscher Adlerfleisch, wird er Reichtum von anderen Herrschern gewinnen.

Geht dieser mit einem Adler zur Jagd, so wird er einen starken Sohn erhalten.

Träumt der Herrscher, er fliege auf dem Adler davon, wird er in seinem Stand noch erhöht werden.

Wird man vom Adler mit seinen Krallen gepackt, bedeutet dies, dass Gefahr und Strafe vom Herrscher drohen.

Die Entdeckung eines Adlerhorsts und die Herausnahme der Brut bedeutet eine Erhöhung des Standes.

Der Bach

Der Bach gilt als ein Symbol für den Lauf oder den Fluss des Lebens und steht somit für Optimismus sowie Vertrauen.

Die Europäische Lehre der Traumdeutung sieht im Wasser des Bachs die Gnade oder auch Ungnade des Schicksals.
Ein klarer, still dahin fließender Bach steht für Gesundheit, Glück und ein angenehmes Leben im Kreis treuer Freunde.
Ein Bach mit reißendem Wasser steht für Aufregungen und Unruhe und gemahnt zur Eigenverantwortung.
Ein Bach mit trübem Wasser warnt vor Widerwärtigkeiten und schlechten Geschäften.
Blutrotes Wasser warnt vor Krankheit.
Ein Bach mit starkem Kurvenverlauf kündigt ebensolche Zeiten an.
Ein ausgetrocknetes Bachbett bedeutet Not und harte Zeiten.
Aus einem Bach zu trinken, wird Freude und Glück

bringen.

In einem Bach zu fischen, wird eine Erbschaft bringen.

Badet man in einem Bach, so wird man von einer Krankheit genesen und glücklichen Zeiten entgegen gehen.

Die Arabische Lehre der Traumdeutung sieht im Bach ebenfalls Glück oder Unglück, welches das Schicksal bescheren kann.

Ein helles und klares Wasser wird eine angenehme Zukunft mit Geldgewinn bringen.

Reißendes Wasser deutet auf Hindernisse und unruhige Zeiten.

Ein klarer, langsam fließender Bach deutet auf Hemmnisse bei den eigenen Mitarbeitern oder Dienern hin.

Ein trübes Wasser steht für Sorgen und Unglück.

Ein tiefer Bach verweist auf falsche Ratgeber.

Ein ausgetrockneter Bach kündigt schwere Zeiten und Armut an.

Sich selbst im Bach baden zu sehen, wird Einnahmen beim Glücksspiel bringen.

Der Berg

Ein Berg spiegelt das Verhalten des Menschen im täglichen Leben wider. Der Berggipfel kann als ein Ziel, der Berg selbst jedoch als ein Hindernis oder Hemmnis, welches überwunden werden muss, gelten.

In der Europäischen Lehre der Traumdeutung gemahnt ein Berg zur Überwindung von Problemen, um ein bestimmtes Ziel zu erreichen.
Ein Berg von schroffem Äußeren im Hintergrund einer grünen Landschaft kündigt Ärgernisse an.
Mit Schnee bedeckte Berge in der Ferne lassen keinen Fortschritt trotz eigener Bemühungen zu.
Ein kahler Berg mahnt vor Widrigkeiten und Armut.
Ein Feuer speiender Vulkan kündigt eine Gefahr an.
Ein Schloss auf einem Berg wird finanziellen Gewinn bringen.
Ein mit grünen Bäumen bewaldeter Berg steht für gute Hoffnungen.
Einen Berg mühelos zu besteigen, gilt als ein gutes

Vorzeichen.

Einen Berg unter großer Anstrengung zu besteigen, wird auch große Anstrengungen erfordern, um an ein gewünschtes Ziel zu gelangen.

Auf einem Berg zu stehen, kündigt angenehme Überraschungen an.

Von einem Berg zu fallen, wird Unannehmlichkeiten bringen.

Die Arabische Lehre der Traumdeutung sieht im Berg einen Ansporn zur eigenen Anstrengung.

Berge in der Ferne stehen für große Aufgaben.

Scheitert man bei der Besteigung eines Bergs, so wird man auch bei einem Vorhaben scheitern.

Besteigt man einen Berg, wird ein Vorhaben von Erfolg gekrönt sein.

Sich auf dem Gipfel eines Berges zu sehen, bedeutet Triumph über seine Feinde und alle Probleme.

Am Fuß eines Berges zu sitzen und zu diesem hinauf sehen, zeigt, dass man keinen Erfolg haben wird.

Ein Schloss auf einem Berg kündet von Reichtum.

Eine Ruine verheißt Unglück.

Ist man von Bergen umgeben, so wird man eine gute Gelegenheit versäumen.

Blumen

Blumen assoziieren Schönheit, Beruhigendes, Erblühen und die Sexualität. Blumen werden gleichgesetzt mit Entspannung und Freude sowie der Liebe.

Die Europäische Lehre der Traumdeutung sieht in Blumen ein Symbol für Kindheit oder auch die Weiblichkeit.

Sieht man im Traum schöne, blühende Blumen, so verheißen diese Freude oder auch einen Gewinn.

Frische Blumen deuten auf gute Gesundheit hin.

Gut riechende Blumen verheißen Gutes im allgemeinen Sinn.

Pflanzt man Blumen im Traum, so wird man gute Werke tun.

Welkende Blumen sind das Zeichen einer Krankheit.

Begießt man welke Blumen, ist dies ein Hinweis auf Leid und Missmutigkeit.

Blumen zu pflücken, weist auf Erfolg oder Gewinn hin.

Blumen zu pflücken, um sie weg zu werfen, heißt, die Chancen zum Glück selbst zunichte machen.

Erhält man Blumen als Geschenk, wird treue

Freundschaft warten.
Sich mit Blumen schmücken, vertieft die Verbindung mit einem lieben Menschen.
Weiße Blumen stehen für Traurigkeit.
Blühende Blumen auf magerem Boden verkünden eine schmerzliche Erfahrung, welche jedoch gemeistert werden kann.

In der Arabischen Lehre der Traumdeutung symbolisieren Blumen Liebe, Mitgefühl und Glück.
Sieht man frische und schöne Blumen, so wird man erfreuliche Dinge erfahren.
Pflanzt man Blumen, wird man gute Taten vollbringen.
Sieht man Blumen auf dem Feld, denkt Jemand in Liebe an den Träumer.
Pflückt man Blumen, so wird die Freude bald vorüber sein.
Blumen abzureißen heißt, sein Glück mit Füßen treten.
Hält man Blumen in der Hand, wird man freundlich empfangen werden.
Blumen winden, verkündigt baldige Heirat.
Ein Blumenstrauß verheißt glückliche Liebe.
Bekommt man Blumen als Geschenk, so trifft man aufrichtige Menschen.
Schmückt man sich mit Blumen, wird man sich mit einem geliebten Menschen verbinden.
Welke Blumen zeigen, dass sich eine Hoffnung nicht erfüllt

Blut

Als ein Symbol für Leben und Energie steht Blut allgemein für Vitalität wie körperliche Macht und Bewusstsein. Zudem setzt man es zuweilen auch der Sexualität gleich.
Auch werden mit dem Blut Ängste, Hemmungen und Beziehungen zu Anderen symbolisiert.
Die rote Farbe des Blutes steht ebenso für die Liebe als auch Zorn und Leidenschaft.

Die Europäische Lehre der Traumdeutung sieht in geronnenem Blut einen Hinweis auf eine Krankheit.

Sieht man Blut im Traum, bangt man entweder um einen nahestehenden Menschen oder es erwarten Einen schwere Enttäuschungen.
Weiter kann es bedeuten, dass Vorsicht in allen Dingen des Lebens angebracht ist.
Sammelt man im Traum Blut in einer Schüssel, ist dieser Umstand ein gutes Zeichen betreffend Kraft und Vitalität.
Trinkt man Blut, so gilt dies allgemein als ein gutes

Vorzeichen.

Sieht man das eigene Blut zur Erde tropfen, so gilt dies ebenso als ein gutes Zeichen.

Blut spucken bedeutet für einen Armen Reichtum, ansonsten steht es für Krankheit und Böses.

Blutet man im Traum, so kündigt sich eine langwierige Krankheit an. Kann das Blut zudem nicht gestillt werden, ist mit weiterem Unheil zu rechnen.

Sieht man Blut aus einer Wunde fließen, kann dies eine Ankündigung von Sorgen oder Gebrechen, aber auch ein Zeichen für schlechte Geschäfte sein. Darüber hinaus gilt es als ein Vorzeichen für Streit mit Freunden oder eine unglückliche Liebesbeziehung.

Sieht man Andere bluten, bedeutet dies Tod durch Unfall oder Angst um Jemanden, der Einem nahesteht. Ebenso kann dies bedeuten, dass man über den Träumenden üble Gerüchte verbreitet.

Hat man Blut an den eigenen Händen, so sollte man sich nicht in Anderer Angelegenheiten mischen, da sonst das Unglück nicht weit ist.

Kleider, die mit Blut getränkt sind, zeigen an, dass man sich vor falschen Freunden hüten soll.

In der Arabischen Traumdeutung gilt Blut als Lebenselixier und Kraft.

Fließt Blut aus Kopf oder Nase, so wird ein Vorgesetzter Geldausgaben haben.

Fließt das Blut aber aus einer Fleischwunde, heißt dies Armut und ein kurzes Leben.

Träumt ein Armer, dass er zur Ader gelassen wird, so wird er nicht länger im Elend leben.

Hat ein Reicher diesen Traum, bedeutet dies Schaden und Kummer.

Blut im Harn bedeutet, dass ein Kind in Schande geboren wird.

Blut an den Händen bedeutet, dass sich der Träumende

in gefährliche Dinge gemischt hat, welche ihn nichts angehen.

Sieht man geronnenes Blut, so wird man erkranken.

Fließt Blut auf die Erde, stehen Unheil und Tod bevor.

Sammelt oder trinkt man Blut, steht Erfreuliches zu erwarten.

Das eigene Blut zur Erde tropfen sehen bedeutet Glück.

Badet man in Blut, so wird das Vermögen verloren gehen.

Blut an Anderen erblicken bedeutet, dass Krankheit in die Familie kommen wird.

B. Mich. Grosch

Champagner

Champagner ist ein Symbol für die Kürze des angenehmen Seins und drückt den Wunsch aus, einmal das Leben in vollen Zügen zu genießen.
Auch wird durch das Trinken von Champagner die Sehnsucht nach Anerkennung und Zuneigung ausgedrückt.

In der Europäischen Lehre der Traumdeutung steht der Champagner sowohl für ein unbeständiges Leben als auch für die Untreue.
Sieht man im Traum Champagner, so wird das Glück nicht von langer Dauer sein – zudem gilt es als Zeichen für eine unglückliche Liebe.
Champagner alleine zu trinken, deutet auf Unverständnis im Freundeskreis hin und der Träumende wünscht sich eine feste Beziehung.
Trinkt man Champagner in einer Gesellschaft, so steht dies für ein fröhliches Zusammensein, das jedoch von

kurzer Dauer sein wird.

Zerbricht man eine Champagnerflasche, wird ein stürmisches Intermezzo stattfinden.

Die Arabische Lehre der Traumdeutung sieht im Champagner das Zeichen von Völlerei und Genuss.

Champagner zu sehen, wird nur kurzen Zeitvertreib bringen, der in einer Enttäuschung endet.

Champagner zu trinken, warnt davor, nicht mit längerer Dauer des Glücks zu rechnen.

Trinkt man Champagner alleine, so hat man den Wunsch nach zuverlässigen Freunden.

Der Chef

Der Chef gilt als Symbol der eigenen Pflichten und kann zugleich als Vorbild oder Vaterfigur angesehen werden.

In der Europäischen Lehre der Traumdeutung steht der Chef oft als unangenehmes Zeichen und deutet unter anderem darauf hin, dass ein Wechsel der Arbeit bevorstehen kann.
Den Chef im Traum zu sehen, kündigt Unannehmlichkeiten aller Art an.
Streit mit dem Chef wird Unsicherheiten im Alltag bringen.
Reicht man dem Chef im Traum die Hand, so bedeutet dies möglicherweise einen Wechsel der eigenen Arbeitsstelle.
Erhält man im Traum vom Chef ein Geschenk, so wird dies einen Verlust oder einen Wechsel der Stellung nach sich ziehen.

In der Arabischen Lehre der Traumdeutung gemahnt der Chef an allerlei unangenehme Pflichten und Gegebenheiten.

Sieht man im Traum einen unbekannten Chef, so wird man einen neuen Vorgesetzten bekommen.

Ein bekannter Chef weist auf unangenehme Streitereien hin.

Spricht der Chef im Traum, so wird man in eine bessere Position aufsteigen.

Das Dach

Das Dach gilt als Synonym für Sicherheit und Schutz des Menschen, stellt aber gleichzeitig eine Grenze zur Unendlichkeit der Phantasie dar.
Als Zeichen unserer Intelligenz warnt es im Traum vor etwaigen 'Beschädigungen.'

Die Europäische Lehre der Traumdeutung setzt das Dach mit unserem Intellekt sowie dem Schutz vor äußeren Ungelegenheiten gleich.
Ein neues Dach im Traum zu erblicken, deutet auf Ehrungen hin.
Sieht man ein altes Dach, so erwarten den Träumenden Gefahren oder Sorgen.
Ein Strohdach sehen, steht für die Gemütlichkeit des Heims.
Erklimmt man ein Dach, so wird man sich in Gefahr

begeben.

Steht der Träumende auf einem Dach und befürchtet, herunter zu fallen, so zeigt dies eine Unsicherheit in der beruflichen Anstellung an.

Ein Dach eindecken steht für Zuversicht und Freude.

Sich von einem Dach herunterfallen zu sehen, kündigt unerwartete Ereignisse an.

Stürzt man von einem Dach, ohne sich zu verletzen, entzieht man sich einer Gefahr oder aber es sind schlechte Nachrichten im Anzug.

Verletzt man sich beim Sturz von einem Dach, deutet dies auf eine Krankheit hin.

Ein Dach mit Schäden bedeutet schlechte Nachrichten.

Stürzt ein Dach ein, so kommen Schwierigkeiten auf Einen zu.

Wird ein Dach gebaut oder repariert, ist finanzieller Gewinn zu erwarten.

Fällt ein Ziegel vom Dach, werden alle Anstrengungen umsonst sein.

In der Arabischen Traumdeutung steht das Dach ebenfalls für die Sicherheit und den Schutz des Menschen.

Sieht man ein Ziegeldach von hellroter Farbe, so bedeutet dies Glück und Freude.

Ein Dach zu besteigen, kündigt Gefahren an.

Auf einem Dach stehen, deutet auf baldigen Erfolg und Ehrungen.

Auf dem Dach sitzen, steht für Einfluss und Ansehen.

Von einem Dach zu fallen, wird Schrecken und Rückschläge in beruflicher Hinsicht bringen.

Setzt man einen Dachstuhl auf, so steht baldige Verlobung ins Haus.

Wird ein Dach gedeckt, so steht Heirat oder die Geburt von Kindern bevor.

Abdecken eines Dachs bedeutet Unglück im Heim.

Brennt ein Dach, so steht Erfolg in den eigenen Unternehmungen zu erwarten.

Sitzen Vögel auf einem Dach, kündigt sich eine längere Reise an.

Ein Damm

Ein Damm ist ein Synonym für innere Widerstände und Barrieren und zeigt zudem angestaute und unterdrückte Triebe und Gefühle, welche sich Zugang zur Oberfläche verschaffen möchten.

Die Europäische Lehre der Traumdeutung sieht in einem Damm eine selbst auferlegte Begrenzung der Entwicklung.
Einen brüchigen Damm im Traum zu sehen, verkündet Probleme in einer Liebesbeziehung.
Im Traum an einem Damm zu arbeiten, lässt Erfolge bei einem Unternehmen erwarten.
Einen Damm zu überschreiten, spricht von einer ernsthaften Gefahr.
Entlang eines Damms zu gehen, spricht von nahendem Ärger, der jedoch überwunden werden kann.

In der Arabischen Lehre der Traumdeutung steht der Damm als Mahnung vor etwaigen Gefahren betreffend die eigene Gefühlswelt.

Einen Damm im Traum zu sehen, verspricht Schutz in einer Gefahr.

Betritt man einen Damm, so hat man etwas zur eigenen Sicherheit getan.

An einem Damm zu arbeiten, weist auf den Erfolg eines Geschäfts hin.

Einen Damm zu errichten, ist ein Hinweis auf innere Unsicherheiten.

Ein zerstörter Damm lässt eigene Pläne zunichte werden.

Der Diamant

Der Diamant gilt als ein Symbol der Einheit des Geistes und steht zudem für Härte und bleibende Werte.

In der Europäischen Lehre der Traumdeutung steht der Diamant für die Klarheit der eigenen Gedankenwelt.
Im Traum einen geschliffenen Diamanten zu sehen, weist auf eine erfreuliche Zukunft und Erfolg.
Ein ungeschliffener Diamant warnt vor Leichtsinn in finanziellen Angelegenheiten.
Einen Diamanten zu tragen, wird eine glückliche Zukunft bringen.
Erhält man einen Diamanten als Geschenk, so wird man treue Freunde haben.
Hat man mehrere Diamanten in Besitz, so verspricht dies ein Leben in Reichtum.
Einen Diamanten im Traum zu essen, steht für Wohlstand und Erfolg.

Die Arabische Lehre der Traumdeutung sieht im Diamanten einen Boten von Glück oder Unglück, Wohlstand oder Armut.
Ein ungeschliffener Diamant ist ein Vorbote von Not und

Siechtum und kann ebenso auf falsche Freunde verweisen.

Ein geschliffener Diamant steht für Anerkennung und Erfolg.

Findet man einen geschliffenen Diamanten, so wird das Glück nicht mehr lange auf sich warten lassen.

Wird dem Träumenden ein geschliffener Diamant angesteckt, so wird er große Ehrungen erhalten.

Diamanten zu essen, bedeutet Reichtum und Glück.

Diamanten zu sammeln, spricht von falschen Hoffnungen.

Der Eber

Der Eber steht unter Anderem für die Lust der Sinne oder auch Völlerei. So steht er für die animalische Seite des Menschen in all ihren Auswüchsen.
Desgleichen kann der Eber als Zeichen von Vitalität gesehen werden - manchmal verkörpert er auch das Böse.

In der Europäischen Traumdeutung steht der Eber auch für das Sexuelle.
Einen Eber im Traum zu sehen, zeigt die Furcht vor Feinden und Gegnern. Schaden droht aus der Nachbarschaft.
Auf einen Eber treffen, lässt das Vertrauen in eine Person aufgrund eines Ereignisses schwinden.
Jagt man einen wilden Eber, so werden die eigenen Bemühungen nicht von Erfolg gekrönt sein.
Wird man von einem Eber gejagt, so bedeutet dies die Trennung von einem vertrauten Menschen oder der

vertrauten Umwelt.

Einen Eber zu erlegen oder zu fangen, bringt Glück.

Wird man von einem Eber attackiert, so steht eine Gefahr bevor.

Sieht man im Traum die Hauer eines Ebers, wird ein Gewinn Glück bringen.

Die Arabische Lehre der Traumdeutung sieht im Eber ein Zeichen für Probleme und Anfeindungen.

Sieht man den Eber in einem Wald, so wird man Unbill von einem sturen Menschen erfahren.

Begegnet man dem Eber im Wald, wird das Vertrauen zu einem nahestehenden Menschen schwinden.

Wird man von einem Eber bedroht, so bedroht Einen ein schwieriger Gegner.

Stürmt der Eber zum Angriff auf den Träumenden, wird Dieser die Verfolgung von Feinden zu gewärtigen haben.

Sieht man den Eber laufen, so bedeutet dies, dass man einer Gefahr entronnen ist.

Erlegt man einen Eber, so wartet ein gefährliches Abenteuer.

Einen Eber zu fangen, ist gleichbedeutend mit Glück und Freude.

Der Efeu

Der Efeu gilt als ein Symbol dauerhafter Freundschaft und Liebe. Mit einher geht der Gedanke von Geborgenheit und der Feierlichkeit.

In der Europäischen Lehre der Traumdeutung gilt der Efeu einerseits als ein romantisches Zeichen der Liebe, im negativen Aspekt jedoch auch als Niststätte unliebsamer Insekten, also Störenfrieden.

Sieht man im Traum grünen und frischen Efeu, so bedeutet dies Positives in Freundschaft und Liebe sowie auch betreffend die Gesundheit.
Rankt sich der Efeu an einer Mauer empor, so wird eine Beziehung von Bestand sein.
Sieht man den Efeu an einem Baum sich empor ranken, so kann dies als Warnung vor falschen Freunden angesehen werden.
Flechtet man Efeu zu einem Kranz, deutet dies auf treue Freunde.
Efeu an einer Mauer im Mondschein sehen, deutet auf Romanzen hin.
Verwelkter Efeu zeigt das Ende von Beziehungen an.

Die Arabische Lehre der Traumdeutung sieht im Efeu einmal ein Symbol der Freude, im negativen Sinn als Zeichen für falsche Freunde.

Schöner Efeu, der sich an einem Baum rankt, steht für falsche Freunde.

An einer Mauer sich hoch rankend, zeigt der Efeu treue Freunde an.

Pflanzt man selbst einen Efeu an, so droht Verlust eines Freundes.

Sieht man sich hingegen den Efeu pflanzen, so wird mit Hilfe eines guten Freundes Glück auf den Träumenden zukommen.

Flechtet man Efeu zu einem Kranz, steht ein Todesfall zu erwarten.

Die Ehe

Die Ehe gilt als Symbol einer Verschmelzung der weiblichen mit den männlichen Kräften. In ihr werden Gegensätze überwunden und das Gleichgewicht von Körper und Seele hergestellt.

In der Europäischen Traumdeutung ist der Traum einer Ehe auch in sexueller Hinsicht zu verstehen und drückt den Wunsch nach einer Vereinigung aus.
Im Traum die Ehe einzugehen, bedeutet eine baldige Vermählung sowie Glück und Zugewinn.
Mit einer verwitweten Person die Ehe einzugehen, bedeutet Sorgen.
Bricht man im Traum die Ehe, droht eine Feuersbrunst.
Eine Ehescheidung bringt üble Nachrede mit sich.
Träumt man von der Ehefrau, steht Wohlstand an.
Träumt man vom Gatten, ist dies ein Zeichen, dass man gut versorgt sein wird.
Wird die Ehe von einem Priester geschlossen, kündigt dies eine glückliche Ehe an.

Eine Ehe unter Zwang bedeutet Enttäuschung und Kummer.

In der Arabischen Deutung der Träume bedeutet die Eingehung der Ehe Ordnung und Glück.
Geht man im Traum eine Ehe ein, so soll dies eine glückliche Zukunft verheißen und den weiteren Lebensweg neu ordnen.
Traut man sich mit einer abstoßenden Person, so hat man mit Widerwärtigkeiten zu rechnen.
Wird die Ehe gebrochen oder aufgelöst, so warten Schande, Spott und Verlust.
Träumt man von einer glücklichen Ehe, wird man Erfolg haben, was sich auch im Zuwachs des Vermögens auswirkt.
Träumt man von einem Ehe-Hindernis, dann wird eine Liebe unerwidert bleiben.

Eier

Eier gelten als ein Symbol unverwirklichter Ideale und Möglichkeiten zukünftigen Geschehens.
Das Ei steht für Fruchtbarkeit und Leben und das sich Wandelnde.

Die Europäische Lehre der Traumdeutung sieht im Ei den Ursprung allen Lebens, was auch dem Sinn der Oster-Eier zugrunde liegt.

Im Traum Eier zu sehen oder sie zu besitzen deutet auf Wohlstand oder eine anstehende Geburt.
Findet man Eier, so wird eine feste Bindung an einen Menschen erfolgen.
Findet man Eier in einem Nest, steht Gewinn ins Haus.
Sieht man ein gar großes Ei oder hat es in seiner Hand, wird ein positives Ereignis stattfinden.
Isst man Eier, bedeutet dies Gewinn und auch Gesundheit.

Ein rotes Ei kündet ein Feuer oder den Tod eines Freundes an.
Ein gelbes Ei deutet auf eine Erkrankung.
Ein Ei fallen zu lassen, bedeutet, einen Verlust zu erleiden.
Kauft man Eier, so wird dies Vorteile bringen.
Legt ein Huhn ein Ei, stehen gute Nachrichten an.
Schlüpft ein Küken aus einem Ei, steht ein glückliches Ereignis an.
Faule Eier bedeuten widrige Umstände.
Einen Korb voll Eiern sehen bringt gute Geschäfte.
Vogeleier kündigen eine Erbschaft an.

In der Arabischen Traumdeutung steht der Anblick eines Eis oft für Hader und Streit.
Findet man ein Gelege voll Eier, steht ein Gewinn ins Haus.
Nimmt man ein Ei aus dem Nest, so heiratet man eine verwitwete Person mit Kindern.
Ein Ei fallen zu lassen, bedeutet einen Verlust.
Ein Ei zu kaufen, wird Zugewinn bringen.
Ein Ei zu kochen, wird eine Hoffnung zerstören.
Ein Ei zu essen, bedeutet Gewinn und Glück in der Liebe.
Faule Eier deuten auf Intrigen hin.
Rote Eier deuten auf Unglück und Gefahr.
Gelbe Eier kündigen eine schwere Krankheit an.
Blaue Eier warnen vor Verletzungen.

Der Elefant

Der Elefant symbolisiert die Weisheit und das Erinnerungsvermögen und steht außerdem für die Stärke des Unbewussten, welches allerdings gefährlich werden kann, sofern diese Kraft nicht kontrolliert eingesetzt wird.

In der Europäischen Traumdeutung zeigt der Elefant die Hilfe durch die Außenwelt und Freunde an.
Sieht eine Frau im Traum einen Elefanten, so wird sie einen Verehrer haben, welcher ihr ständig folgen wird.
Sieht ein Mann einen Elefanten, ist dies ein Zeichen für seine Stärke und bringt Positives im Geschäft.
Ein einzelner Elefant garantiert für ein zwar bescheidenes, doch genügendes Einkommen.
Viele Elefanten bedeuten einen großen Reichtum.
Von einem Elefanten getreten zu werden, bringt Reichtum, Glück und Ehre.
Auf einem Elefanten zu reiten, bedeutet ebenfalls Reichtum und Ehre sowie den Anschluss an einen glaubwürdigen Menschen.
Sieht man einen Zirkus-Elefanten, so wird man sich lächerlich machen, aufgrund eigener Bestrebungen, Anderen zu gefallen.

Reicht man einem Elefanten Wasser, wird man belohnt werden.

Eine Elefanten-Mutter mit Kind steht für ein behagliches Familienleben.

Füttert man einen Elefanten, wird die Umwelt Einen schätzen aufgrund der eigenen Freundlichkeit.

Die Arabische Lehre der Traumdeutung erkennt im Elefanten einen mächtigen Herrscher mit immensem Reichtum.

Reitet man auf einem Elefanten, so bringt dies Freude und Reichtum.

Füttert und tränkt man einen Elefanten, so steht eine Belohnung zu erwarten.

Kommt ein Elefant in das eigene Heim, ist dies das Ende aller Not.

Findet man Mist oder Knochen und Elfenbein, steht großer Reichtum zu erwarten.

Ein Elefantenrüssel bedeutet eine gute Stellung.

Ein Elefantzahn steht für Reichtum und Glück.

Ein toter Elefant vernichtet alle unsere Pläne.

Die Eule

Die Eule ist ein Symbol der Weisheit und der Magie. Sie verkörpert zudem die Weiblichkeit und gilt als Botin mystischer Kräfte.

In der Europäischen Lehre der Traumdeutung gilt die Eule als eine Mittlerin zwischen der menschlichen Leidenschaft und des Geistes.

Eine Eule im Traum zu sehen, bringt Kunde über eine nahende Krankheit oder auch eine Feindschaft.

Sieht man im Traum viele Eulen, so sollte man auf den Rat eines Anderen hören.

Eine fliegende Eule steht für Uneinigkeiten in der Familie.

Eine schreiende Eule ist ein Zeichen für unglückliche Nachrichten.

Eine gefangene Eule sagt unliebsame Gäste voraus.

Eine tote Eule deutet auf Gefahr für Jemanden aus der nahen Umgebung.

Die Arabische Lehre der Traumdeutung sieht in der Eule einen weisen Ratgeber, der von Glück oder Unglück kündet.
Sieht man im Traum eine Eule, so kann man mit Klugheit einen Gewinn erzielen.
Viele Eulen gemahnen, den Rat Anderer nicht in den Wind zu schlagen.
Hört man eine Eule rufen, wird Armut, Krankheit oder Tod nahe sein.
Eine gefangene Eule warnt vor einer schlechten Gesellschaft.

Die Fahne

Die Fahne steht als Symbol für den Idealismus und ein kollektives Denken. Zugleich drückt sie unsere Begeisterungsfähigkeit zum Einsatz der Hilfe gegenüber Anderen aus.
Sie kann Sinnbild sein für die eigene Identifikation im Sinne von Hoffnungen, Ansichten und Plänen und steht ebenfalls für einen Patriotismus.

In der Europäischen Lehre der Traumdeutung steht die Fahne für die Pläne unseres Lebens und für beruflichen Erfolg.
Sieht man im Traum eine Fahne durch die Lüfte fliegen, so deutet dies auf allerlei Ungemach und Leid.
Eine Fahne im Wind zeigt das Ereignis einer Feier an.
Trägt man eine Fahne, erwirbt man großes Ansehen.
Die Fahne zu senken, zeigt unsere Reue für eine begangene Tat.
Eine Fahne bei einem festlichen Umzug steht für Leid

des Herzens.

Eine schwarze Fahne steht für Trauer und eventuell eine sich entwickelnde Feindschaft oder Anomisität.

Eine Fahne zu schwingen, deutet das Näherkommen guter Zeiten an.

Trägt man die nationale Fahne, so erweist man seiner Heimat einen Dienst.

Fahnen an Häusern und Gebäuden deuten eine harte Regierung an.

Die Arabische Lehre der Traumdeutung sieht in der Fahne ein Sinnbild des Siegs.

Sieht man eine vom Wind gepeitschte Fahne, so wird man mit gefährlichen Situationen konfrontiert werden.

Trägt man eine Fahne, wird Neid und Häme aufgrund des eigenen Ruhms den Träumenden ereilen.

Eine Fahne auf Halbmast verkündet erfolglose Unternehmungen.

Eine rote Fahne warnt vor Gefahr.

Eine weiße Fahne verspricht Freude und Gewinn.

Eine bunte Fahne kündigt viele Freuden an.

Eine schwarze Fahne bringt Trauer, Leid und eventuell auch Tod.

Feuer

Feuer gilt als ein Element der Mutter Natur und symbolisiert unseren Geist und unsere Energien. Das Feuer reinigt, indem es das Alte, Verbrauchte verzehrt.

In der Europäischen Lehre der Traumdeutung gilt das Feuer als eines der wichtigsten Symbole. Es kann wärmen, ermuntern und auch zerstören.
Angst vor einem Feuer zu haben, zeigt, dass der Träumende sich fürchtet, aus sich selbst zu gehen.
Ein Feuer im Freien deutet auf eine sich anbahnende Freundschaft.
Ein hell brennendes Feuer verspricht ein freudvolles Leben im Familienkreis.
Ein Feuer mit viel Rauch warnt vor Ärgernissen.
Ein Feuer auszulöschen, wird eine Hoffnung zunichte machen.

Sich an einem Feuer zu verbrennen, bringt ungünstige Umstände.

Ein Herdfeuer wird Freude durch Kinder bringen.

Fällt Feuer vom Himmel, so sind Unannehmlichkeiten zu erwarten.

Die Arabische Lehre der Traumdeutung erkennt im Feuer einen Boten höherer Mächte.

Ein Feuer anzuzünden, wird neue Freundschaften bringen.

Ein Feuer in böser Absicht zu legen, bringt einen Misserfolg.

Ein hell brennendes Feuer ist ein Zeichen einer heimlichen Liebe.

Ein Feuer mit viel Rauch bringt Unangenehmes.

Ein Feuer auszulöschen, wird Pläne zunichte machen.

Ein Herdfeuer wird Kindersegen bringen.

Ein feuriger Ball am Himmel bringt eine schwere Feindschaft.

Der Frosch

Der Frosch verkörpert die Fähigkeit zur Transformation, somit die Wandlung schlechthin. Er steht zudem für Regeneration und tiefe Liebe.

In der Europäischen Lehre der Traumdeutung verkörpert der Frosch Erotik und Fruchtbarkeit.
Einen Frosch im Traum zu sehen, wird dem Träumenden Wohlstand und Glück in der Liebe bringen.
Sieht man Frösche im Gras, so hat man Freunde, welchen man vertrauen kann.
Frösche in einem Sumpf sind ein Zeichen für anstehende Ärgernisse.
Hört man Frösche quaken, so folgt ein Lob.
Einen Frosch in der Hand zu halten, verspricht einen Gewinn.
Fängt und tötet man einen Frosch, dann wird durch eigene Schuld ein Schaden entstehen.
Einen Frosch zu essen, bedeutet das Herannahen einer Krankheit.

Ein Ochsenfrosch kündigt eine Verheiratung an.

Die Arabische Traumdeutung erkennt im Frosch einen Verkünder des Guten sowie auch des Üblen.
Einen Frosch zu sehen, bedeutet gute Einkünfte.
Ein Frosch in einem Teich verspricht einen Geldgewinn.
Sitzt der Frosch im Trinkwasser, so wird andauerndes Unglück nahen.
Ein hüpfender Frosch ist der Bote für eine erfreuliche Nachricht.
Ein Frosch mit einer Krone verheißt einen einflussreichen Gönner.
Fängt man einen Frosch, wird Unglück jeglicher Art Einen ereilen.
Einen Frosch zu töten, fordert ebenfalls das Unglück heraus.
Wer einen Frosch isst, wird zu hohem Ansehen gelangen.
Ein quakender Frosch kündigt hohe Ehren an.
Ein lautes und unangenehmes Quaken kündigt üble Nachrede an.

Die Gans

Die Gans wird in Verbindung gebracht mit Wachsamkeit, Aggressivität und auch Albernheit. Sie steht außerdem für Tradition und Respekt und das Leben in einer Gemeinschaft.

Die Europäische Traumdeutung erkennt in der Gans auch ein Zeichen der Einfalt, indem sie sich ausnutzen lässt, ohne sich zu wehren und somit eine ergebene Sklavin darstellt.
Eine Gans zu sehen, bedeutet einen Gewinn.
Fliegt eine Gans von dem Träumenden weg, droht ein Verlust – fliegt sie zu ihm, ein Gewinn.
Schwimmen Gänse auf dem Wasser, nimmt das Ersparte langsam, aber stetig zu.
Gänse auf einer Wiese zeigen sicheren Erfolg.
Gänse hüten bringt eine unangenehme Beschäftigung.

Schnatternde Gänse bedeuten Verleumdung des Träumenden.

Tote Gänse zeigen einen Verlust an.

Schlachtet man eine Gans, steht eine Erbschaft oder ein sonstiger Gewinn an.

Eine Gans zu rupfen, zeigt Erfolg im Beruf.

Eine Gans essen, bedeutet einen Gewinn.

Ein Gänsebraten kündigt Gäste an.

Eine Gänsebrust kündigt unwillkommene Gäste an.

Gänseflaum steht für ein heimeliges Zuhause.

Die Arabische Lehre der Traumdeutung sieht in der Gans Nützlichkeit und Gutmütigkeit.

Gänse zu finden, bringt angenehme Untergebene.

Isst man das Fleisch einer Gans, sind Freude und Gewinn zu erwarten.

Gänsefedern stehen für sicheren Wohlstand.

Eine Gans zu kaufen, gemahnt zur Vorsicht, sich nicht zum Narren halten zu lassen.

Ein Schwarm Gänse kündigt fröhliche Zeiten an.

Fliegende Gänse stehen für einen Verlust.

Schnatternde Gänse bedeuten üble Nachrede.

Gänse hüten, steht für eine angenehme Arbeit.

Gänse rupfen, warnt vor Geiz.

Gänsebraten mit Anderen zu essen, kündigt die Einladung zu einem Fest an.

Das Gefängnis

Das Gefängnis stellt in der Traumdeutung einen Bezug zur eingeschränkten Bewegungsfreiheit dar und muss sich nicht einzig auf die physische Unfreiheit beschränken, sondern auch die des Geistes.
Ebenso kann das Gefängnis als Ausrede für die eigene Inaktivität herhalten.

In der Europäischen Deutung der Träume steht das Gefängnis als Symbol des Wunsches, frei zu sein von der Bindung an andere Menschen oder auch alltägliche Bindungen.
Ein Gefängnis zu sehen, bedeutet Hader und Streit.
Unschuldig im Gefängnis zu sein, zeigt, dass Andere misstrauisch uns gegenüber sind.
Wird man in ein Gefängnis gesperrt, spricht dies von Vorteil und geistiger Freiheit.
Sieht man sich oder Freunde im Gefängnis, so bedeutet

dies Pech in Unternehmungen.

Besucht man Jemanden im Gefängnis, deutet dies auf ein schlechtes Gewissen.

Aus einem Gefängnis zu fliehen, zeigt, dass man seine Sorgen ablegen kann.

Wird man aus dem Gefängnis entlassen, beginnt ein neuer Lebensabschnitt.

Sieht man Andere, die entlassen werden, überwindet man alle Probleme.

Die Arabische Lehre der Traumdeutung sieht im Gefängnis auch eine Ablehnung eigener Verantwortung.

Ein Gefängnis zu sehen, wird eine sichere Arbeitsstellung bringen.

Sieht man es von außen, ist man auf dem richtigen Weg.

Wird man in ein Gefängnis geführt, soll man seine Entscheidungen gut überdenken.

Ist man eingesperrt, zeigt dies, dass die Verpflichtungen eine Beeinträchtigung des eigenen Handelns darstellen.

Sieht man sich in einem Gefängnis, deutet dies auf Einschränkungen in der Ehe.

Jemanden dort besuchen, zeigt ein schlechtes Gewissen an.

Geister

Geister stehen in Assoziation mit der Angst vor dem Tod und somit dem Ungewissen, wobei sie dem Träumenden den Gedanken an das Unvermeidbare näher bringen können.

Die Europäische Lehre der Traumdeutung sieht in den Geistern die Schatten einer oft real existierenden, ungeliebten Person.
Geister zu sehen, ist ein Vorzeichen unangenehmer Erfahrungen wie Feindschaft und Kämpfe.
Sieht man die Geister der Eltern, soll man beim Eingehen einer Beziehung Vorsicht walten lassen.
Der Geist eines Freundes warnt vor einer enttäuschenden Reise.
Spricht man mit einem Geist, wird man seine Feinde überwinden.
Ein Geist am Himmel bedeutet den Verlust von Verwandten.
Ein weiblicher Geist mit wallendem Gewand deutet auf Erfolg und Reichtum, doch auch auf Sentimentalität.
Den Geist eines lebenden Angehörigen zu sehen, deutet

auf böse Absichten eines vermeintlichen Freundes hin.
Der schwebende Geist eines Freundes kündet von Unsicherheit und Enttäuschung.
Geister, welche musizieren, sagen schlimme Veränderungen und Enttäuschungen im eigenen Heim vorher.
Klopfen Geister an Wände oder Türen, so hat man mit Problemen zu rechnen.
Sieht man einen Geist hinter einem Vorhang, bedeutet dies, dass man seine Gefühle besser kontrollieren sollte.

In der Arabischen Lehre der Traumdeutung stehen die Geister für den Zugang des spirituellen Selbst zum Unbewussten.
Einen Geist zu sehen, kündigt Einzigartiges an und warnt vor einer Aktivität.
Den Geist eines lebenden Freundes sehen, kündigt eine traurige Nachricht an.
Den Geist eines verstorbenen Freundes zu sehen, deutet auf gute Freunde, welche Einem beistehen werden.
Ein schwarzer Geist kündigt eine schreckliche Nachricht an.
Ein weißer Geist kündigt eine Nachricht an, welche sich später als nicht allzu schlimm erweisen wird.

Glocken

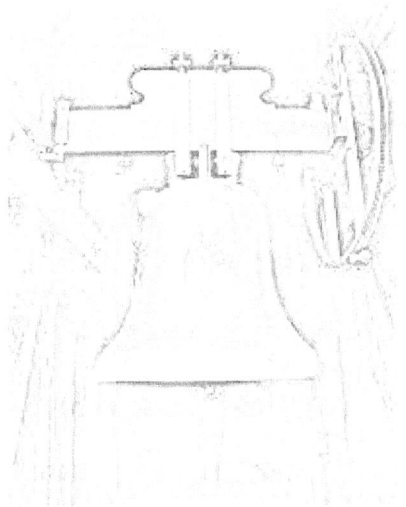

Glocken gelten als Symbol des Bewusstseins und drücken das Bedürfnis nach Anerkennung und Bestätigung durch Andere aus.

Die Europäische Lehre der Traumdeutung sieht in den Glocken sowohl eine Warnung vor dem Tod als auch eine Ankündigung der Freude.

Glocken im Traum zu sehen, künden von abenteuerlichen Plänen von Unternehmungen, welche allerdings nicht einfach gelingen werden.

Wird eine Glocke gegossen, so steht die Gründung des eigenen Heims bevor.

Läutet der Träumende Glocken, so wird er ungewollt Jemandem eine Freude erweisen.

Ein helles Glockengeläut weist auf schlechte Nachrichten aus der Ferne.

Ein dunkles Läuten kündigt gute Unternehmungen an.
Die Freiheitsglocken kündigen den Sieg über einen Gegner an.
Sturmglocken lassen ein Problem erfolgreich lösen.
Eine Alarmglocke bedeutet Grund zur Sorge.
Die Totenglocke spricht von Problemen Angehöriger in der Ferne.
Kuhglocken stehen für eine Liebschaft.
Das Läuten von Turmglocken ist eine Mahnung zur Vorsicht.

In der Arabischen Lehre der Traumdeutung stehen die Glocken als ein Symbol der Mahnung.
Glocken zu sehen, bringt einen großen Erfolg und Freude im eigenen Heim.
Läutet man Glocken, wird einem aus einer schlimmen Situation geholfen.
Hört man schwere Glocken läuten, so deutet dies auf Unglück oder Tod.
Helle Glocken künden von guten Neuigkeiten.
Sieht man, wie eine Glocke gegossen wird, so steht baldige Heirat oder Kindersegen ins Haus.
Gießt man selbst eine Glocke, wird man sich bald verheiraten.
Hört man Türglocken im Traum, so ist Vorsicht bei der Bekanntschaft mit einem Fremden geboten.
Eine zersprungene Glocke bedeutet die Verwicklung in Streitereien.

Gold

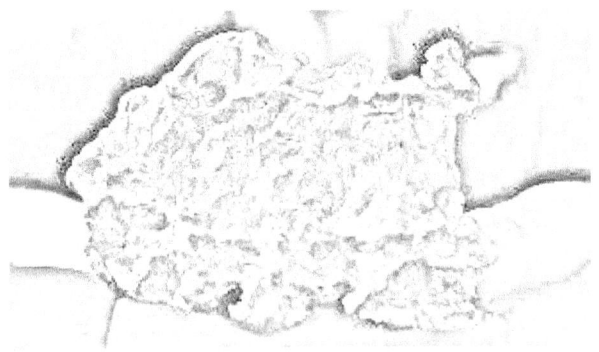

Gold, als das Symbol unvergänglicher Werte, steht in der Traumdeutung für das Wertvolle der menschlichen Person.

In der Europäischen Lehre der Traumdeutung steht Gold für Wohlstand, jedoch auch für die Flüchtigkeit weltlichen Besitzes.
Im Traum Gold zu sehen, verspricht Erfolg in geplanten Unternehmungen.
Sieht man eine Unmenge an Gold, so spricht dies für negative Erfahrungen.
Ein Goldklumpen verspricht Wohlstand und Ansehen.
Gold zu finden, wird einen Gewinn oder anderes Glück bringen.
Blattgold gilt als Zeichen der Eitelkeit.
Im Traum Gold zu schmieden, steht für Wohlstand.
Erhält man Gold als Geschenk, so wird Armut und Unehre das Ergebnis sein.
Gold auszugeben, wird Verluste bringen.
Verliert man im Traum Gold, so wird durch eigene Schuld eine Gelegenheit verpasst.

Die Arabische Lehre der Traumdeutung sieht im Gold

ein Zeichen von Wohlstand und Ehrungen.

Gold zu sehen, wird die gewünschten Erfolge bringen.

Gold zu finden, verspricht eine Erbschaft.

Gold zu verlieren, wird finanzielle Einbußen nach sich ziehen.

Gold zu stehlen bringt Unehre und Schmach.

Vergräbt man Gold, so ist dies ein Zeichen, dass der Träumende versucht, seine wahren Absichten zu verschleiern.

Goldbarren stehen für allerlei Ungelegenheiten.

Eine Grube

Eine Grube ist ein Synonym für Unannehmlichkeiten jeglicher Art und warnt vor eigenem Fehlverhalten.

In der Europäischen Lehre der Traumdeutung steht die Grube als Zeichen eines Verlustes und als Mahner zur Vorsicht.
Im Traum eine Grube zu sehen, deutet auf einen Unfall oder eine Krankheit hin.
In eine Grube zu fallen, steht für unglückliche Umstände jeglicher Art, welche den Träumenden erwarten.
Fällt man im Traum in eine Grube und ist in der Lage, sich daraus wieder zu befreien, so wird man mit widrigen Umständen nach einiger Zeit wieder in der Lage sein, fertig zu werden.
Gräbt man im Traum eine Grube, so wird man durch eigene Schuld zu Schaden kommen.

Springt man über eine Grube, so ist dies ein Zeichen, dass man seine Ziele trotz Widerständen erreichen wird.

Die Arabische Lehre der Traumdeutung sieht in der Grube ein Zeichen von Unglück und Widrigkeiten.
Im Traum eine Grube zu sehen, deutet auf gefährliche Unternehmungen sowie eine Notlage durch eigenes Verschulden.
Gräbt man im Traum eine Grube, so ist dies eine Warnung vor eigener Eitelkeit.
In eine Grube zu fallen, wird Schaden aufgrund eigener Unvorsichtigkeit nach sich ziehen.

Haare

Haare gelten als ein Symbol der Potenz und Lebenskraft und stehen für unsere ursprünglichen Kräfte und auch Triebe.

Die Europäische Lehre der Traumdeutung sieht im Haar ein erotisches Symbol und das Verbundensein des animalischen Lebens.

Verliert man im Traum die Haare, stehen traurige Zeiten vor der Tür.
Sich die Haare kämmen, bedeutet Glück und Wohlstand.
Die Haare zu waschen, deutet auf etwas Beunruhigendes hin.
Ergrauende Haare deuten auf Krankheit oder Tod im nahen Umfeld.

Weiße Haare stehen für Glück, Ehre und Zufriedenheit.

Schwarze eigene Haare besitzen, bedeutet eine gute Gesundheit.

Rote Haare kündigen Verdruss oder Feinde an.

Selbst lange Haare im Traum zu haben, zeigt das Streben nach Unabhängigkeit.

Die Haare geschnitten bekommen, bedeutet schwere Enttäuschungen.

Sich selbst die Haare abschneiden, befreit von einem Kummer.

Haare zu flechten, bedeutet, dass man eine vergangene Verbindung wieder herstellen wird.

Ungekämmtes Haar lässt auf einen Zank in der Familie schließen.

Wächst Haar auf den Händen, so gilt dies als ein schlechtes Zeichen.

Haare auf der Brust sind ein Zeichen des Glücks.

Haare auf dem Bauch stehen für eine gute Gesundheit.

Hat man Haare im Mund, so wartet ein unerfreuliches Ereignis.

Ein Mann ohne Haare bringt Ehre und Reichtum.

Blumen im Haar bedeuten kleinere Probleme, welche gelöst werden können.

Die Arabische Lehre der Traumdeutung sieht in den Haaren die Zierde des Mannes und ein Zeichen für das eigene Ansehen.

Wachsen Haare auf der Nase oder der Stirn, so erwartet den Träumenden die Strafe seines Herrn.

Wachsen Achselhaare bis zur Hüfte, steht eine Erbschaft bevor.

Werden die Schamhaare dicht und voll, so nimmt die Zahl der Widersacher zu.

Fallen die Schamhaare aus, bedeutet dies den Sieg über die Feinde.

Feine, seidige Haare sind ein Zeichen für gute Verbindungen.

Grobe Haare deuten auf Stärke und Mut.

Gut frisierte Haare zu sehen, bedeutet eine Freundschaft.

Sich kämmen bringt geschäftliche Erfolge.

Wirre Haare deuten auf Streit und Kränkung.

Sich die Haare abschneiden, befreit von einem Kummer.

Sich die Haare schneiden lassen, verkündet einen schmerzlichen Verlust.

Haare verlieren, deutet auf schlimme Zeiten.

Weiße Haare deuten auf die Ruhe und Weisheit der Seele.

Schwarze Haare sind ein Zeichen von Gesundheit.

Rote Haare im Traum selber haben, zeigt an, dass schlimme Menschen Einen verfolgen.

Haare zu flechten, bedeutet große Veränderungen.

Sieht man Haare wachsen, so hat man Glück in geschäftlichen Unternehmungen.

Der Hahn

Der Hahn, als Symbol für Wachsamkeit und Neubeginn, steht gleichzeitig für das Männliche und Aggressive. Auch gilt der Hahn als ein Zeichen der Sexualität. Spirituell gesehen, ist der Hahn auch der Wächter der Zeit.

In der Europäischen Traumdeutung hat der Hahn seinen Platz als Zeichen männlichen Erfolges sowie auch der Eitelkeiten.
Einen Hahn im Traum zu sehen, kündigt eine Feuersbrunst an.
Hört man einen Hahn krähen, so werden wichtige Dinge verkündet werden.
Sieht man einen Hahn und eine Frau, ist man als Mann erfolgreich in der Liebe.
Ein Hahn inmitten einer Hühnerschar steht als Zeichen, dass sich eine Freundschaft zur Liebe entwickelt.
Stolziert der Hahn inmitten der Hühner, wird der Träumende die Gunst von Frauen erlangen.

Kämpfende Hähne bringen Zwietracht.

Legt ein Hahn Eier, so steht ein unerwarteter Gewinn bevor.

Die Arabische Lehre der Traumdeutung sieht im Besitz eines Hahnes ein gutes Zeichen, den Streit von Hähnen hingegen als Zeichen von Ärger und Streit.

Einen Hahn zu sehen, bringt Eroberungen in der Liebe.

Ein Hahn inmitten einer Hühnerschar lässt Freundschaft zu Liebe werden.

Ein krähender Hahn gemahnt zur Wachsamkeit.

Einen Hahn zu fangen, wird Streitereien nach sich ziehen.

Zwei Hähne im Kampf bedeuten unliebsame Ereignisse im Haus.

Der Kamm eines Hahnes wird den eigenen Stolz verletzen.

Der Hahnenschwanz bringt Widersacher aufgrund der eigenen Eitelkeit.

Besteigt ein Hahn eine Henne, so steht Glück und Reichtum ins Haus.

Legt der Hahn Eier, so kündigt er finanziellen Gewinn an.

Eine Hexe

Eine Hexe versinnbildlicht im negativen Aspekt die Schwarze Magie, im positiven Weisheit und Intuition.

Die Europäische Lehre der Traumdeutung sieht in der Hexe meistens den negativen Aspekt einer bösen Frau, setzt Diese aber zuweilen auch als Symbol der sexuellen Liebe gleich.
Im Traum eine Hexe zu sehen, wird Unannehmlichkeiten aller Art nach sich ziehen.
Gibt man sich im Traum mit einer Hexe ab, so stellt dies eine Warnung vor Streitereien dar.
Fällt eine Hexe über den Träumenden her, so steht dies für private Probleme.

In der Arabischen Lehre der Traumdeutung gilt die Hexe als böse, dennoch respektierte weibliche Instanz des Unterbewussten.

Eine Hexe im Traum zu sehen, warnt vor einer bösen Frau.

Eine tanzende Hexe kündigt eine Gefahr an.

Reitet eine Hexe auf ihrem Besen, so stehen Feindschaft und unglückselige Verhältnisse zu erwarten.

Der Igel

Der Igel steht für die Empfindsamkeit des Menschen und seine Zurückgezogenheit. Seine Stacheln sind das Zeichen der Bereitschaft zur Abwehr.

Die Europäische Lehre der Traumdeutung sieht im Igel das Symbol für die Gutmütigkeit eines Menschen, welche leider auch missbraucht werden kann.
Einen Igel zu sehen, bedeutet, dass der Träumende Neider hat, welche ihn zudem ausnutzen möchten.
Sieht eine Frau einen Igel, so gibt es einen Menschen, der Sympathie für sie hegt, doch es nicht zeigen kann.
Einen Igel zu töten, heißt, sich von Widrigkeiten oder einem Feind zu befreien.
Von einem Igel gestochen zu werden, bedeutet, dass man verleumdet wird.
Fängt ein Igel im Traum eine Maus, so wird man von habgierigen Menschen übervorteilt.

In der Arabischen Lehre der Traumdeutung zeigt der Igel an, dass man sich vor Neidern und Habsüchtigen in

Acht nehmen soll.

Sieht man im Traum einen Igel sich einrollen, so bedeutet das, dass sich der Träumende von seinen Freunden zurückzieht und sie somit kränkt.

Sieht man den Igel aufgerollt oder laufend, dann wird die Unnahbarkeit des Träumenden ihm Verfolgung und Neid einbringen.

Wird man von einem Igel gestochen, so stehen einige unangenehme Überraschungen bevor.

Insekten

Insekten symbolisieren verdrängte Erfahrungen oder geben Zeugnis über Störungen der Nerven.
Sie können auch das Zeichen eines unterdrückten Schuldgefühls sein.

Die Europäische Traumdeutung sieht in Insekten eine Bedrohung, aber auch eine Mahnung für den Träumenden.
Wird man im Traum von Insekten umschwärmt, so werden unliebsame Personen oder ebenso unliebsame Lebensumstände den Träumenden belästigen.
Sieht man im Traum Insekten, wird der Träumende von einem Schwätzer belästigt.
Sieht man unscheinbare, nicht gefährliche Insekten, so ist Aussicht auf einen Erfolg oder einen Gewinn.

Von einem großen Insekt gestochen oder gebissen zu werden, deutet auf eine Krankheit oder auf einen Verlust hin.

Tötet man im Traum ein Insekt, dann wird man in der Lage sein, bestehende Schwierigkeiten zu überkommen.

In der Arabischen Traumdeutung stehen Insekten für eine Bedrohung oder Warnung.

Sieht man Insekten fliegen oder kriechen, so ist dies eine Warnung vor leeren Reden Anderer oder auch vor einem Verlust.

Von Insekten gestochen zu werden, deutet auf eine Krankheit oder hinterlistige Menschen hin.

Insektenstiche können auch das Zeichen für eine Kränkung sein.

Wird man von Insekten umschwärmt, so erfährt man Unangenehmes durch widrige Personen oder Umstände.

Insekten, welche im Lichtschein schwirren, warnen vor Unvorsichtigkeit in geschäftlichen Unternehmungen.

Die Insel

Die Insel wird gleichgesetzt mit einem Ort der eigenen Wünsche und Sehnsüchte, steht aber auch für Einsamkeit und Flucht.

Die Europäische Lehre der Traumdeutung sieht in der Insel ein Symbol der Einsamkeit und Flucht vor der Umwelt.
Eine Insel im Traum zu sehen, verweist auf innere Trauer und den Wunsch nach Wohlergehen und ein Leben ohne Sorgen.
Sieht man im Traum Menschen auf einer Insel, so kündigt dies Kämpfe um eine bessere Position im Umfeld an.
Befindet man sich im Traum auf einer Insel, wird man eine Arbeitsstelle erhalten.
Befindet man sich auf einer unbewohnten, ansprechenden Insel, so bedeutet dies, dass ein sorgloses, doch zugleich einsames Alter bevorsteht.
Auf einer Insel in einem klaren Fluss zu baden, ist ein

Zeichen für gelungene Unternehmungen und schöne Reisen.

Sieht man im Traum eine öde Insel, so verliert man aufgrund von Zügellosigkeit Vermögen und Glück.

Im Traum eine Insel zu verlassen, sagt den Verlust eines Menschen und Unsicherheiten im weiteren Lebensverlauf voraus.

Die Arabische Lehre der Traumdeutung sieht in der Insel ein Symbol der Einsamkeit, aber auch der Zuflucht.

Sucht man im Traum eine Insel auf, so ist das ein Zeichen für das eigene Ruhebedürfnis, welches man nun verwirklichen kann.

Eine einsame Insel ist das Zeichen, dass man seine Freunde vor den Kopf gestoßen hat.

Eine öde Insel zu sehen oder sich auf ihr zu befinden, deutet an, dass gute Bekannte und Freunde sich von Einem zurückziehen werden.

Eine fruchtbare und grüne Insel ist ein Zeichen, dass man sein Glück in der Ferne versuchen sollte.

Verlässt man im Traum eine Insel, ist man zu weiteren Taten bereit.

Die Jagd

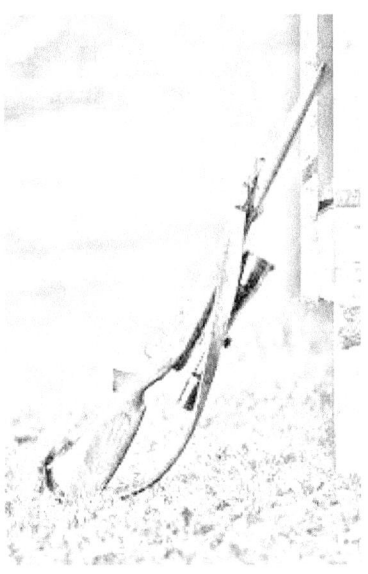

Die Jagd gilt als ein Symbol der Suche oder Verfolgung, kann auch Hoffnung oder Begierde anzeigen. Ebenso kann das Traumbild der Jagd für unterschwellige Ängste und Unsicherheit des Träumenden gedeutet werden.

In der Europäischen Lehre der Traumdeutung gemahnt das Symbol der Jagd vor Menschen, welche sich dem Träumenden annähern möchten.
Sieht man im Traum eine Jagd stattfinden, ist dies ein Hinweis, dass Gegner dem Träumenden das Leben erschweren.
Die Einladung zu einer Jagd wird Gewinn in einer Lotterie bringen.
Zu einer Jagd gehen, zeigt das Streben nach etwas nicht Erreichbarem.

Bei einer Jagd teilzunehmen, deutet auf geschäftliche Erfolge hin.

Eine Fuchsjagd warnt vor cleveren Gegnern.

Jagd auf Niedrigwild ist ein Vorzeichen für eine Enttäuschung.

Die Jagd auf Großwild kündigt Wohlstand an.

Sieht man Jagdhunde, so wird man von schlauen Menschen betrogen.

Sich auf einer Jagd zu verirren, ist eine Warnung, nicht den Glauben an sich selbst zu verlieren.

Ohne Beute die Jagd zu beenden, bringt eine Enttäuschung.

Das Jagdhorn zu hören, deutet auf Freude und Vergnügen.

Die Arabische Lehre der Traumdeutung sieht in der Jagd, je nach Erfolg, ein gutes oder auch schlechtes Vorzeichen.

Eine Jagd zu sehen oder teilzunehmen, fordert zur Ausdauer auf, um seine Ziele zu erreichen.

Eine Einladung zur Jagd bringt Geld im Glücksspiel.

Hochwild bringt Glück in geschäftlichen Belangen.

Niedrigwild bringt Pech in den Unternehmungen.

Wird keine Beute gemacht, so steht dies für eine Blamage.

Die Jugend

Die Jugend ist für uns das Zauberland unserer frühesten Tage und taucht in des Menschen Erinnerung stetig als Symbol unserer Stärke, Hoffnungen und Träume auf.
Wohl kein anderer Traum kehrt so oft wieder, wie der an unsere Jugend, als noch Neues und Unbekanntes zu erfahren war.

In der Europäischen Lehre der Traumdeutung steht das Symbol der Jugend als Hinweis, sich auf den Prozess des Älterwerdens ausreichend vorzubereiten und als Hinweis für ein manchmal schlechtes Gewissen.
Träumt man von jungen Leuten, so können Streitigkeiten innerhalb der Familie beseitigt werden und neue Unternehmungen sind reif geworden zu ihrer Planung.
Sieht man sich selbst wieder jung, kann dies ein Hinweis sein, dass man vergeblich versucht, verpasste Gelegenheiten zu ändern.
Sieht man Kinder in der Schule, dann kündigt sich Freude und Wohlstand an.
Wenn eine Mutter ihr Kind als Säugling wieder sieht, so

werden alte, offene Wunden heilen können und Freude wird einkehren.

Stirbt das Kind einer Mutter, so warten Elend und Unglück.

Die Arabische Lehre der Traumdeutung sieht in Jugendträumen eine Sehnsucht nach der früheren Stärke, doch auch ein Zeichen von Eitelkeit.

Sieht man sich selbst im Traum wieder jung, so möchte man gerne in die Vergangenheit zurück, wobei die Gefahr besteht, sich lächerlich zu machen.

Ein Käfer

Ein Käfer gilt als ein Synonym für die menschlichen Zweifel und versinnbildlichen zugleich das Auf und Ab des Lebens.

In der Europäischen Lehre der Traumdeutung steht der Käfer für Schwierigkeiten und lästige Menschen unserer Umgebung.
Einen Käfer im Traum zu sehen, mahnt zu mehr Bescheidenheit gegenüber Anderen.
Krabbelt ein Käfer auf dem Körper des Träumenden, so spricht dies für Armut und andere Unannehmlichkeiten.
Einen Käfer zu finden, bedeutet Gewinn und Erfolg in geplanten Unternehmungen.

Tötet man im Traum einen Käfer, so hat man mit einem Misserfolg zu kämpfen.

Die Arabische Lehre der Traumdeutung sieht im Käfer ein Sinnbild für den Schutz vor bösen Dingen.
Ein Käfer im Gras kündigt ein freudiges Ereignis an.
Einen Käfer zu sehen, gemahnt zur Zurückhaltung und Bescheidenheit.
Ein laufender Käfer spornt zur Eile an.
Ein fliegender Käfer ist ein Zeichen für verlorenes Glück.
Einen Käfer zu fangen, stellt eine Aufforderung zur Demut und Selbstkontrolle dar.
Einen Käfer zu töten, lässt auf einen Todesfall im nahen Umfeld schließen.

Kot

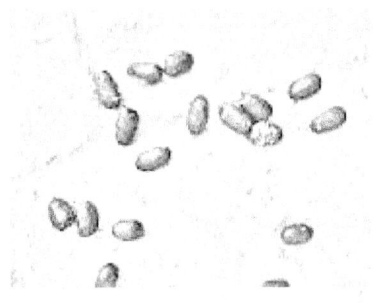

In der Traumdeutung ist Kot ein psychologischer Begriff für Wachstum oder Gewinn.
Die Ausscheidung von Kot setzt man mit Freigiebigkeit gleich, so wie man Verstopfung und die Nichtabgabe desselben als Geiz oder Furcht vor Verlust ansieht.

In der europäischen Lehre der Traumdeutung sieht man im Kot ein Vorzeichen von Gewinn sowie Erlangung von Glück.
Tritt man in Kot, steht Reichtum bevor, zumindest sind schlechte Zeiten vorbei.
Fällt man hinein, wird ein unverhoffter Vorteil wie Erbschaft, warten.

Ein Traum von Kot gilt keineswegs als negativ, da er nicht mit der übelriechenden Masse, als die er sonst gilt, in Verbindung gebracht wird, sondern als das Wachstum fördernd, wie es auch natürlicher Dünger in der Agrar-Wirtschaft ist.

Nach **Sigmund Freud** kann der Traum eines Kindes von Kot derart interpretiert werden, dass das träumende

Kind in einer Abgabe von Kot einen Verlust sieht, da es sich damit von einer körpereigenen Sache trennen muss. **Diese Ansicht ist allerdings umstritten.**

In der arabischen Lehre der Traumdeutung wird Einer, der im Traum menschliche Exkremente aufhebt, Geld gewinnen, doch sein Ruf wird geschädigt, wenn dieser Kot übel riecht.

Sieht man Einen in der Öffentlichkeit mit von Kot beschmutzter Kleidung, ertappt man ihn als Dieb.

Essen von menschlichem Kot bedeutet, dass man durch Betrug oder Streit sich Geld eines Feindes aneignen wird; handelt es sich dagegen um tierischen Kot, wird der Gewinn noch größer ausfallen.

Gibt der Träumende auf der eigenen Toilette Kot ab, stehen Ausgaben für das Haus an.

Bei trockenem Kot sind diese Ausgaben klein, bei nassem hingegen beträchtlich.

Geschieht dies auf einer fremden Toilette, muß er für jemand Anderen Geld ausgeben.

Verrichtet der Träumende ein Geschäft auf fremdem Feld oder fremder Erde, verprasst er Geld für Frauen und gibt es auch für Reisen in fremde Länder aus.

Träumt Jemand, dass er sich unter Schmerzen und Leiden entleert, hat dies je nach der träumenden Person eine andere Bedeutung:

Hat ein Herrscher solch einen Traum, so bedeutet dies, dass er erhebliche Summen zum Ausrüsten seiner Armee ausgeben muss.

Ein Mann aus dem Volk muss nach einem solchen Traum das Ersparte angreifen.

Ein Bettler oder Armer dagegen hat Not und Hunger zu erleiden.

War zudem noch Blut oder Wasser im Stuhl, wird der Schaden umso größer sein.

Wenn die Ausscheidungen das Aussehen wie das von Ziegen haben,so wird jede Pein vom Träumenden scheiden.

Träumt ein Kranker, es befänden sich Steine in seinen Exkrementen, so wird jedes Übel von ihm weichen; hat ein Gesunder den gleichen Traum, so gelingt es ihm, ungeliebte Zeitgenossen und anderes Gesindel zu vertreiben.

Träumt Jemand, er hätte eine Schlange ausgeschieden, vertreibt er einen Feind, der in seinem Hause lebt.
Handelt es sich dabei hingegen um Bandwürmer, verjagt er die Dienerschaft.
Ein Armer, der dieses träumt, erlangt Reichtum, da er seines Schadens ledig wird.
Stolpert man träumend über eine Grube voll Unrat, wird man von Gaunern betrogen.

B. Mich. Grosch

Eine Krone

Eine Krone gilt als ein Zeichen, die eigenen Möglichkeiten und Fähigkeiten zu erkennen und sie zu nutzen.

In der Europäischen Lehre der Traumdeutung steht die Krone als Sinnbild für eine Änderung der eigenen Lebensverhältnisse.
Eine Krone mit einem Kreuz zu sehen, kündigt eine Erbschaft oder eine Begünstigung an.
Eine Krone zu tragen, verweist auf den Verlust von Eigentum.
Eine goldene Krone mahnt vor Eitelkeit und Dünkel.
Eine silberne Krone lässt ein Geschenk erwarten.
Eine Krone aus Blüten steht für freudige Ereignisse.
Krönt man Jemanden im Traum, so gilt dies als Zeichen eigenen Edelmutes.

Die Arabische Lehre der Traumdeutung sieht in der Krone das Zeichen von Herrschaft und Würde sowie Ruhm und Ansehen.

Eine Krone zu sehen, deutet auf Reichtum und Ehrungen.

Eine goldene Krone steht für Reichtum, doch mangelndes Gewissen.

Eine silberne Krone bringt eine unerwartete Gefälligkeit.

Eine Krone aus Blüten steht für baldige Hochzeit.

Eine Krone aus Dornen bringt Unglück in Herzensangelegenheiten.

Eine Krone aus Stroh wird Spott und Hohn für den Träumenden bringen.

Ein Labyrinth

Ein Labyrinth symbolisiert die Schranken, welche den Menschen daran hindern, seine wahre Persönlichkeit zu erkennen.

In der Europäischen Lehre der Traumdeutung steht das Labyrinth für die Irrungen des menschlichen Charakters.
Ein Labyrinth im Traum zu sehen, kündigt die Auflösung von Schwierigkeiten an, kann aber auch Unangenehmes bringen.
Sich in einem Labyrinth zu befinden, kündigt schmerzliche Erfahrungen an.
Ein aus Hecken bestehendes Labyrinth wird scheinbar Schlimmes zum Guten wenden.
Sich in einem Labyrinth zu verirren, kündigt komplizierte Umstände an.
Findet man aus einem Labyrinth heraus, so wird sich alles zum Guten wenden.

Die Arabische Lehre der Traumdeutung sieht im Labyrinth eine Prüfung des Menschen auf seinem Lebensweg.

Ein Labyrinth im Traum zu sehen, warnt vor Täuschungen Anderer.

Gerät man in ein Labyrinth, so wird man in naher Zukunft einige Probleme zu lösen haben.

Verirrt man sich in einem Labyrinth, so wird eine schwierige Aufgabe warten.

Findet man den Weg aus einem Labyrinth, werden alle Schwierigkeiten und Probleme endlich überkommen.

Der Löwe

Der Löwe gilt als das Sinnbild der Stärke und des Stolzes und steht zudem für Aggressivität und Mut.
Neben seiner Verkörperung von Herrschaft und Würde ist er gleichzeitig der Inbegriff für seelische Energien.

Die Europäische Traumdeutung setzt den Löwen gleich mit Kampfesmut und starkem Triebleben.
Einen Löwen zu sehen, bedeutet den Gewinn von Einfluss oder auch einen einflussreichen Gegner.
Einen Löwen einzusperren, bringt Kummer und Leid.
Ein gefangener Löwe verheißt Schutz vor einem Gegner.
Zähmt man einen Löwen, so wird man Erfolge erzielen.
Ein brüllender Löwe bringt eine Beförderung.
Wird man von einem Löwen verfolgt, so drohen Verluste.
Fürchtet man sich vor einem Löwen, so kann eine Gefahr überwunden werden.
Geht man auf die Jagd nach einem Löwen, ist dies ein Zeichen, dass man sich auf ein gewagtes Unternehmen einlässt.

Einen Löwen zu besiegen, zeigt Erfolg in allen Bereichen an.

Sieht man einen toten Löwen, so wird ein Gegner an Einfluss verlieren.

Ein Löwenfell steht für Glück und Reichtum.

Wer auf einem Löwen reitet, wird keinerlei Probleme zu fürchten haben.

In der Arabischen Traumdeutung steht der Löwe für das Symbol eines Herrschers ein.

Kot von einem Löwen aufzuheben, wird zu Reichtümern führen.

Sieht man einen Löwen, so droht Gefahr von einem vermeintlichen Freund.

Ein Löwe in Gefangenschaft lässt den Träumenden seine Feinde besiegen.

Einen Löwen zu töten bedeutet den Tod eines mächtigen Feindes.

Ein zahmer Löwe lässt einen Feind zum Freund werden.

Von einem Löwen verfolgt zu werden, deutet auf Einsamkeit hin.

Hört man einen Löwen brüllen, so drohen gefährliche Feinde.

Das Meer

Das Meer, als das Symbol für das kollektive Unterbewusstsein, drückt die Gesamtheit aller Gedanken und Gefühle aus und steht außerdem für den Drang nach Freiheit.

In der Europäischen Lehre der Traumdeutung ist das Meer ein Vorbote der unerfüllten Wünsche und des Neuen.
Ruhiges Meer unter klarem Himmel deutet auf unbeschwerte, sonnige Zeiten.
Ein stürmisches Meer bringt Kampf mit Sorgen und Nöten.
In das Meer zu fallen, wird Unglück und Gefahren bringen.
Im Meer ertrinken, bedeutet, dass man von schlimmen Sorgen befreit sein wird.
Taucht man aus dem Meer auf, so steht ein neuer, guter Lebensabschnitt bevor.
Im Meer zu baden, steht für ein sorgloses, langes Leben.

Die Arabische Lehre der Traumdeutung sieht im Meer den unergründlichen Herrscher.

Meerwasser zu trinken, wird Wohlstand bringen.

Wasser aus dem Meer zu schöpfen, bringt ebenfalls Wohlstand und Anerkennung.

Das Meer in ruhiger Bewegung wird den Kummer verjagen.

Auf den Meereswellen zu gehen, wird Mut und Macht bringen.

Steht man im Traum vor dem Meer, so steht eine Reise an.

Ruhiges Meer verheißt ein friedliches Leben.

Ein stürmisches Meer wird ebensolche Zeiten bringen.

In das Meer zu fallen, kündigt Schaden an.

Im Meer unter zu gehen, deutet auf schlimme Zeiten.

Der Mond

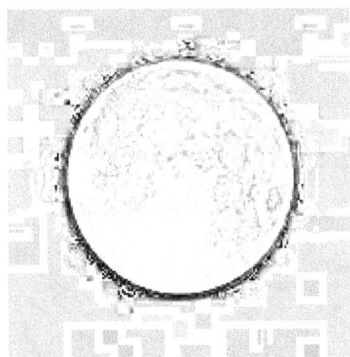

Der Mond symbolisiert unser eigenes Selbst und steht für Gefühle und Emotionen.

In der Europäischen Lehre der Traumdeutung ist der Mond die unbekannte Seite im Inneren des Menschen.
Im Traum den Mond zu sehen, bedeutet eine anstehende Veränderung.
Der Mond an klarem Himmel wird Erfolg bringen.
Ist der Mond von einem Vorhof umgeben, so gilt dies als Warnung vor übelwollenden Menschen.
Ein von Wolken verdeckter Mond steht für schlechte Gesundheit.
Ein düsterer Mond bringt allerlei Unannehmlichkeiten.
Ein reiner Vollmond wird Erfolg und Ehren bringen.
Der Neumond steht für Erfolge im Geschäftsleben.

Die Arabische Lehre der Traumdeutung sieht im Mond den Garant von Gunst und Ungunst.
Ein strahlender Mond steht für Erfolge jeder Art.
Ein düsterer Mond wird Misserfolge bringen.

Abnehmender Mond deutet auf enttäuschte Erwartungen.

Der zunehmende Mond lässt Wünsche in Erfüllung gehen.

Ein verfinsterter Mond steht für nagende Eifersucht.

Ein roter Mond wird Unglück und Verluste bringen.

Die Mutter

Die Mutter gilt als ein Symbol des Weiblichen und steht meistens für die seelisch-geistigen Belange des Träumenden.

In der Europäischen Lehre der Traumdeutung ist die Mutter das Symbol der Fruchtbarkeit.
Häufig von der Mutter zu träumen, ist ein Zeichen für Unsicherheit und Unselbständigkeit.
Die Mutter im Traum zu sehen, ist ein gutes Omen und wird Glück bringen.
Die Mutter in ihrer Alltagskleidung zu sehen, steht für erfolgreiche Unternehmungen.
Küsst man die Mutter im Traum, so ist dies ein Zeichen für Erfolg und Beliebtheit im Bekanntenkreis.
Ruft die Mutter nach dem Träumenden, so ist Dieser auf einem falschen Weg.

Im Traum die verstorbene Mutter zu sehen, gilt als eine Warnung vor Gefahren.

Die Arabische Lehre der Traumdeutung sieht in der Mutter eine Ratgeberin in Belangen des Seelischen.

Die Mutter zu sehen, kann als eine Warnung vor unüberlegtem Handeln gelten, als auch das Wiedersehen mit Bekannten ankündigen.

Spricht die Mutter, so wird Erfolg auf den Träumenden warten.

Ist die Mutter krank, so ist dies ein Zeichen für begangenes Unrecht des Träumenden.

Weint die bereits verstorbene Mutter, so stellt dies eine Warnung vor einer Gefahr dar.

Lächelt die verstorbene Mutter, werden alle Wünsche in Erfüllung gehen.

Nacktsein

Nackt zu sein, spricht von eigenen Geheimnissen und symbolisiert zugleich den Wunsch, das eigene Wesen vor Anderen zu enthüllen.

Die Europäische Lehre der Traumdeutung erkennt im Nacktsein den menschlichen Naturzustand.
Kleine, nackte Kinder im Traum zu sehen, bringt Glück.
Nackte Menschen stehen für einen Misserfolg.
Einen schönen Menschen des anderen Geschlechts sehen, wird eine Sehnsucht erfüllen.
Nackte Menschen am Strand stehen für Eifer in eigenen Unternehmungen.
Durch einen nackten Menschen erschreckt zu werden, wird auch Schreck im wahren Leben bringen.
Sich nackt auszuziehen, bedeutet den Wunsch nach mehr Freiheit.
Nackt umher zu gehen, zeigt, dass man in Not geraten wird.
Kann man seine Kleider nicht finden, so deutet dies auf eine Schande hin.

Die Arabische Lehre der Traumdeutung sieht im Nacktsein die Wahrheit des eigenen Seins.

Zieht man sich aus, um zu baden, so wird ein Missgeschick Einen überraschen.

Nackt zu baden, bedeutet eine fröhliche Gemeinschaft.

Nackte Menschen zeigen eine Belästigung durch Fremde an.

Nackt sein, weist auf Verluste hin.

Nackt auf einer belebten Straße zu gehen, zeigt eigene Minderwertigkeitsgefühle.

Nackte Kinder deuten auf den Wunsch, sich selbst von einer Schuld zu befreien.

Nesseln

Nesseln sind ein Synonym für die Obstakel des täglichen Lebens.

In der Europäischen Traumdeutung deutet die Nessel auf allerlei Probleme und Schwierigkeiten hin.
Eine Nessel zu sehen, deutet darauf hin, dass man sich vor Hindernissen in Acht nehmen soll.
Nesseln im Traum zu pflücken und zu sammeln, bedeutet anstehenden Wohlstand.
Läuft man durch Nesseln und wird von ihnen nicht gebrannt, so zeigt auch dies zu erwartende Einkünfte an.
Von Nesseln gebrannt zu werden, kündigt Unzufriedenheit an.
Sich in Nesseln zu setzen, deutet auf Lügen und Betrug, welche den Träumenden ereilen werden.

Die Arabische Lehre der Traumdeutung erkennt in der Nessel den Boten von Verunglimpfung und Untreue.
Sieht man im Traum Nesseln, so wird man verleumdet werden.
Sich an Nesseln zu verbrennen, wird Betrug und üble

Nachrede nach sich ziehen.

Sich in die Nesseln zu setzen, bedeutet schlimme Nachrichten.

Eine Nessel zu berühren, warnt vor einer schweren Krankheit.

Pflückt man eine Nessel, so ist dies eine Warnung vor Ungeduld.

Eine Nessel zu verspeisen, wird ein gesundes, langes Leben bringen.

Die Nuss

Die Nuss gilt als ein Synonym des inneren Kerns des Menschen und kann vor Unüberlegtheit warnen.

Die Europäische Lehre der Traumdeutung sieht in der Nuss ein Symbol von Fleisch. Knochen und Seele.
Eine Nuss im Traum zu sehen, verkündet glückliche Zeiten.
Nüsse zu sammeln, steht für Glück und Erfolg.
Nüsse zu essen, kündigt Harmonie und Wohlstand an.
Eine bittere Nuss wird eine Enttäuschung bringen.
Eine hohle Nuss zu finden, ist ebenfalls ein Zeichen, dass eine Enttäuschung bevorsteht.
Eine Nuss zu knacken, bringt Erfreuliches.
Nicht fähig zu sein, eine Nuss zu knacken, bedeutet Misserfolg in einer Unternehmung.
Sieht man Nussschalen, so steht eine Beförderung bevor.

Die Arabische Lehre der Traumdeutung sieht in der Nuss den Spiegel eigener Wünsche und Hoffnungen.
Eine Nuss zu sehen, zeigt an, dass die eigene Hoffnung

Bestand haben wird.

Einen Nusskern zu sehen, bringt Sicherheit und Wohlstand.

Nüsse zu pflücken, deutet auf Glück durch Sparsamkeit.

Nüsse zu sammeln, wird zu einem guten Einkommen führen.

Eine Nuss zu zertreten, bringt einen Verlust.

Eine Nuss nicht knacken zu können, kündigt eine Reihe von Problemen an.

Knackt man eine Nuss und isst sie dann, wird man Anerkennung erfahren.

Obdach

Obdach bedeutet, dass ein Mensch von der Sehnsucht nach Sicherheit und Schutz erfüllt ist.

In der Europäischen Lehre der Traumdeutung steht der Wunsch nach einem Obdach im Traum dafür, dass sich der Träumende anscheinend zu viele negative Gedanken macht.

Ein Obdach zu suchen, wird Hilfe von Fremden bringen.
Ein Obdach zu finden, gemahnt an eine Änderung des bisherigen Lebens.
Das Obdach zu verlieren, zeigt Hilflosigkeit gegenüber den eigenen Lebensumständen.

In der Arabischen Traumdeutung steht das Obdach ebenfalls für Schutz und Geborgenheit.

Ein Obdach im Traum zu suchen, kündigt die Hilfe von Anderen an.

Sucht man ein Obdach auf, so steht eine bessere Zukunft bevor.

Ein Obdach im Traum zu finden, kann eine neue Lebensumgebung bedeuten.

Ein Obdach zu verlieren, wird Verdruss bringen.

Jemandem ein Obdach zur Verfügung zu stellen, warnt vor kommenden Unannehmlichkeiten.

Ein Ofen

Ein Ofen gilt als ein Zeichen für Wärme und Behaglichkeit und umschreibt die Suche nach der inneren Sicherheit.

In der Europäischen Lehre der Traumdeutung gilt der Ofen als Symbol des Bedürfnisses nach Liebe und Geborgenheit.
Einen Ofen im Traum zu sehen, gilt als ein Zeichen des Wunsches nach Zweisamkeit.
Einen Ofen anzuheizen, wird Behaglichkeit im eigenen Heim bringen.
Sich an einem Ofen zu wärmen, bedeutet Annehmlichkeiten.

Verbrennt man sich an einem Ofen, so gilt dies als Zeichen mangelnden Selbstvertrauens.

Sich an einem kalten Ofen wärmen zu wollen, steht für eine Enttäuschung in der Liebe.

Fällt ein Ofen um, wird man einen Schaden zu gewärtigen haben.

Sich auf einen Ofen zu setzen, bringt ein angenehmes Leben im Alter.

Die Arabische Lehre der Traumdeutung sieht im Ofen ein Symbol für Annehmlichkeiten oder Unannehmlichkeiten des Lebens.

Einen Ofen zu sehen, verspricht ein gemütliches Dasein.

Ein eiserner Ofen lässt eine Liebe erkalten.

Ein Kachelofen verspricht Wärme und Behaglichkeit.

Öffnet man eine Ofentür, so gilt dies als Zeichen von Schwäche.

Schließt man eine Ofentür, wird man Erfolg in einer Unternehmung haben.

Ein erkalteter Ofen steht für Enttäuschungen.

Einen Ofen anzufassen, deutet auf Einsamkeit.

Die Orgel

Die Orgel gilt als ein Symbol innerer Harmonie und Ernsthaftigkeit eines Menschen.

In der Europäischen Lehre der Traumdeutung steht die Orgel für die Selbstzufriedenheit und Ausgeglichenheit des Träumenden.
Auf der Orgel eine traurige Weise zu spielen, weist auf innere Zurückgezogenheit hin.
Harmonische Melodien zu spielen, verspricht Erfolg in allen Lebenslagen.
Klagelieder zu hören, weist auf Verluste hin.
Eine Orgel im Traum zu sehen, kündigt wichtige Ereignisse an.
Eine Orgel in einer Kirche zeigt traurige Ereignisse an.
Einen Orgelbauer zu sehen, wird gute Neuigkeiten bringen.

Die Arabische Lehre der Traumdeutung sieht in der Orgel einen Hinweis für die geistigen und religiösen Aspekte des Lebens.

Eine Orgel zu sehen, wird religiöse Gefühle wecken.

Hört man die Klänge einer Orgel, so steht dies für freudige Ereignisse.

Selbst eine Orgel zu spielen, zeigt, dass eventueller Kummer sich verabschieden wird.

Sieht man Orgelpfeifen, so steht ein frohes Fest bevor.

Ein Paket

Ein Paket steht für die Erwartungen und das Geheimnisvolle, kann zugleich ein Zeichen für verdrängte sexuelle Wünsche sein.

Die Europäische Lehre der Traumdeutung deutet das Paket als Boten des Unterbewusstseins, der sowohl angenehme als auch unangenehme Gefühle an die Oberfläche bringen möchte.
Ein Paket zu sehen, spricht von vielen Aufgaben.
Trägt man ein Paket, so werden Kummer und Sorgen warten.
Ein erhaltenes Paket kündigt eine wichtige Nachricht an.
Ein schweres Paket steht für eine freudige Überraschung.
Ein leeres Paket zu erhalten, wird Unangenehmes bringen.
Ist ein erhaltenes Paket beschädigt, so deutet dies auf

Unsicherheit in einer wichtigen Frage.
Ein Paket zu öffnen, wird unbekannte Pflichten bringen.
Ein Paket zu schnüren, bringt ergebene Freunde.
Ein Paket voll mit Geld wird Reichtum bringen.

In der Arabischen Lehre der Traumdeutung steht das Paket für geistiges Potential ebenso wie als Zeichen für Geschenke und eigene Fähigkeiten.
Ein Paket zu sehen, wird viel Arbeit mit sich bringen.
Ein Paket zu tragen, bedeutet eine Zeit voll Sorgen.
Erhält man ein Paket, so erfährt man von einem Geheimnis.
Ein leeres Paket deutet auf schlechte Geschäfte.

Ein Palast

Ein Palast kann einerseits für übersteigerten Geltungstrieb, andererseits auch für das wertvolle Innere stehen.

Die Europäische Lehre der Traumdeutung sieht im Palast ein Symbol der Mahnung zur Bescheidenheit.
Einen Palast im Traum zu sehen, wird den Träumenden in Verlegenheit bringen oder seine Freiheit einengen.
Einen Palast zu erhalten, wird eine Notlage nach sich ziehen.
Gast in einem Palast zu sein, warnt vor Abhängigkeit von Anderen.
Wohnt man in einem Palast, wird die Realität ein böses Erwachen zeigen.
Die Schönheiten im Inneren eines Palastes zu bewundern, kündigt eine Verbesserung der Lebensumstände an.

Eine vornehme Gesellschaft in einem Palast kündigt Beziehungen an.

Die Arabische Lehre der Traumdeutung erkennt im Palast ein Symbol des Hochmuts.

Sieht man einen Palast, so warnt dies vor eigenen Eitelkeiten.

Ist man zu Gast in einem Palast, sollte man sich vor Völlerei hüten.

Wohnt man in einem Palast, so spricht dies für kommende Anerkennung.

Einen Palast zu erben, wird große Freude bringen.

Einen Palast zu bauen, zeigt an, dass nach dem Hochmut der Fall kommen wird.

Ein brennender Palast zeigt ein gutes und glückliches Leben an.

Die Palme

Die Palme kann ein Symbol innerer Ruhe, doch auch der Tröstung sowie der Wunsch nach einem Sexualpartner sein.

In der Europäischen Lehre der Traumdeutung steht die Palme als Zeichen des Wunsches einer Verbesserung.
Sieht man im Traum viele Palmen, so spricht dies von einer allgemeinen Verbesserung der Lebensumstände.
Eine einzelne Palme wird einen alten Wunsch in Erfüllung gehen lassen.
Eine Palme in einem geschlossenen Raum wird eine bittere Enttäuschung nach sich ziehen.
Eine Allee von Palmen steht als Zeichen eines glücklichen Heims.
Verwelkte Palmen sind ein Zeichen eines traurigen Ereignisses.

Die Arabische Lehre der Traumdeutung sieht in der Palme einen Verkünder von Freude und Wohlleben.

Eine Palme zu sehen, bedeutet Glück und Reichtum.
Die Blätter einer Palme bringen Gutes aus dem Freundeskreis.
Palmöl schützt vor Anfeindungen.
Ein Esel bei einer Palme wird Spott und Hohn für den Träumenden bringen.
Ein Palmwedel warnt vor Schaden durch Oberflächlichkeit.
Ein Wald voller Palmen kündigt Ehrungen oder Schmeicheleien an.
Palmkätzchen verkünden eine fröhliche Zeit.

Ein Papagei

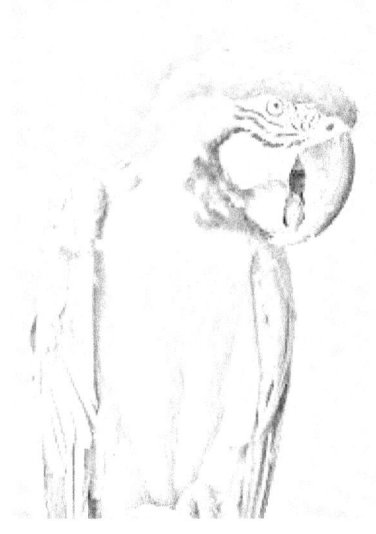

Ein Papagei gilt als Warnung, zu seinem eigenen Selbst zu finden, statt Andere nur zu imitieren.
Ebenfalls kündigt sein Gerede Lob und Anerkennung an.

In der Europäischen Lehre der Traumdeutung warnt der Papagei vor Klatsch und übler Nachrede.
Ein plappernder Papagei warnt vor Müßiggang und Tratsch.
Einen Papagei im Traum zu sehen, deutet an, dass schlecht über den Träumenden geredet wird.
Ein kreischender Papagei warnt vor Neidern.
Einen Papagei zu füttern, steht für eine redefreudige Beziehung.
Ein schlafender Papagei steht für Beendigung eines Streits in der Familie.
Lehrt man einen Papagei sprechen, so stehen

Unannehmlichkeiten im Freundeskreis bevor.
Ein toter Papagei kündigt den Verlust von Freunden an.

Die Arabische Lehre der Traumdeutung sieht im Papagei einen Mahner vor Geschwätzigkeit und Vertrauensseligkeit.
Einen Papagei im Traum zu sehen, warnt vor falschen Freunden und übler Nachrede.
Hält man einen Papagei in einem Käfig, so ist dies ein Zeichen eigener Unehrlichkeit Freunden gegenüber.
Lehrt man einen Papagei das Sprechen, so wünscht man, dass Andere besser über Einen denken sollten.
Ein sprechender Papagei warnt vor Gutgläubigkeit.
Einen Papagei zu füttern, bedeutet Schmeichelei im Freundeskreis.

Das Pferd

Das Pferd ist der Inbegriff von Eleganz und Schnelligkeit. Dazu versinnbildlicht es unsere Instinkte, Begierden, Träume und Leidenschaften.
Schon seit ewigen Zeiten beeindruckt das Pferd den Menschen und beflügelt dessen Phantasie, wie sich in der Mythologie durch den berühmten Pegasus ausdrückt.

Die Europäische Deutung der Träume sieht im Pferd unter Anderem ein Sinnbild für Glück, Freude, Erfolg und nicht zuletzt Phantasie.
Ein Rappe im Traum wird uns durch Betrug Gewinn verschaffen.
Ein Schimmel deutet Wohlstand und gute Freunde.
Ein Schecke steht für den Profit.
Ein laufendes Pferd wird alle Wünsche erfüllen.
Läuft ein Pferd an Einem vorüber, so bringt dies gemächliche Tage.
Fängt man ein Pferd ein und zäumt es auf, spricht dies für einen geschäftlichen Erfolg; entwischt dieses jedoch, so wird das Gegenteil eintreten.
Edle Hengste stehen für Erfolg, doch auch ungeziemende

Leidenschaft.

Zuchtstuten sind das Zeichen aufrichtiger Gefühle.

Ein Rennpferd sehen, zeigt an, dass der Träumer ein ausschweifender Mensch ist.

Ein Zirkuspferd wird einen reichen Gönner bringen.

Ein Fohlen zeigt ein glückliches Ereignis an.

Fällt ein Pferd, so deutet das auf ein Unglück hin.

In der Arabischen Traumdeutung steht der edle Hengst für hohe Stellung und Würde; die Stute wird somit mit der adligen Dame gleichgesetzt, wobei gewöhnliche Pferde hingegen für den gewöhnlichen Stand stehen.

Auf einem stampfenden, edlen Hengst zu reiten, wird Ruhm und Ehre bringen.

Auf einer Stute mit langem Schweif reiten, kündigt die Ehe mit einer angesehenen Frau an.

Ist die Stute schwarz, so wird diese Frau zudem noch begütert sein.

Ein scharfer Galopp auf einen Berg steht für Freude und Gelingen.

Kommt eine junge Stute in das eigene Haus, führt er eine edle Jungfrau heim.

Wer Stutenmilch trinkt, wird Gunst und Wohlwollen erlangen.

Weiße Pferde stehen für Hochzeit und Kindstaufe.

Ein Pferd weiden sehen, Friede und Reichtum.

Wer ein Pferd verkaufen will, sollte seine Gefühle besser kontrollieren.

Ein Pferd satteln, verspricht die Einladung zu einem großen Fest.

Ein Pferd beschlagen, bedeutet treue und ergebene Freunde.

Die Quelle

Die Quelle ist ein Synonym für den Ursprung allen Seins und stattet den Menschen mit neuer Energie aus.

In der Europäischen Lehre der Traumdeutung gilt die Quelle als Zeichen von Klarheit oder auch Unklarheit des Geistigen im Menschen.
Eine Quelle zu sehen, wird Genesung von einer Krankheit bringen.
Holt man Wasser aus einer Quelle, so ist dies ein Zeichen für ein gutes Gelingen.
Klares Wasser steht für Freude und Glück.
Trübes Wasser wird Unannehmlichkeiten und Enttäuschungen bringen.
Aus einer klaren Quelle trinken, wird Glück und Erfolg in allen Unternehmungen bringen.
Trübes Wasser aus einer Quelle zu trinken, bedeutet unaufrichtige Menschen im Freundeskreis.

In einer Quelle zu baden, wird den Träumenden von einem falschen Verdacht befreien.

Eine Quelle auf einer grünen Wiese wird bessere Zeiten bringen.

Eine ausgetrocknete Quelle steht für schlechte Geschäfte.

Die Arabische Traumdeutung erkennt in der Quelle den Ursprung aller Freuden sowie allen Leids.

Eine Quelle zu sehen, bringt eine Verbesserung der eigenen Verhältnisse.

Eine sprudelnde Quelle steht für gute Geschäfte.

Eine ausgetrocknete Quelle wird dürre Zeiten bringen.

Das Trinken aus einer Quelle wird die Gesundheit zurückbringen.

Sich selbst aus einer Quelle trinken sehen, verheißt ein langes Leben.

Der Rabe

Der Rabe gilt als das Symbol der Weissagung über Wohl und Wehe schlechthin. Er steht für das Unbewusste des Menschen und findet seinen Platz in der Magie.

Die Europäische Traumdeutung erkennt in dem Raben den Verkünder dunkler Gedanken und verdrängter Triebe.
Einen Raben im Traum zu sehen, warnt vor einer ungünstigen Veränderung der Lebensumstände.
Mehrere Raben künden großes Unheil an.
Lässt sich ein Rabe auf dem Träumenden nieder, so warnt dies vor einer großen Gefahr.
Raben aufzuscheuchen, deutet darauf hin, dass sich der Träumende aus einer Gefahr befreien kann.
Auffliegende Raben zeigen die Möglichkeit, einem Misserfolg zu entrinnen, an.
Schreiende Raben kündigen schlechte Nachrichten an.

Die Arabische Lehre der Traumdeutung sieht im Raben den Verkünder von Unheil und Katastrophen.
Ein fliegender Rabe deutet auf eine traurige Nachricht.
Ein Rabe auf einem Feld verhütet ein Unglück.
Ein sitzender Rabe spricht von Unannehmlichkeiten.
Ein schreiender Rabe warnt vor großem Unheil.
Erlegt man einen Raben, so lässt sich ein Unglück abwenden.

Das Rad

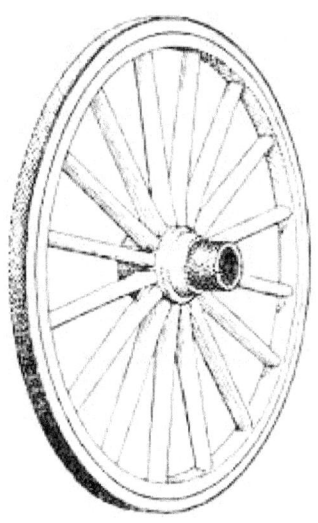

Das Rad steht als Symbol für die ursprüngliche, alles bewegende Kraft, welche den Menschen in seiner Entwicklung voran schreiten lässt.

Die Europäische Traumdeutung sieht im Rad ein Zeichen für die Zeitlosigkeit allen Seins.
Im Traum ein sich drehendes Rad zu sehen, weist auf eine Veränderung des Daseins hin.
Ein zerbrochenes Rad deutet auf Unglück, Trennung oder Tod.
Sitzt man auf einem Fahrrad, so wird eine Veränderung schneller stattfinden, als vermutet.

Die Arabische Lehre der Traumdeutung erkennt im Rad einen Wandel der Verhältnisse.

Ein rollendes Rad verweist auf gutes Gelingen eigener Pläne.

Läuft ein Rad schnell davon, so wird ein Ziel schnell erreicht sein.

Ein Rad zu sehen, deutet auf Wohlstand hin.

Zerbricht ein Rad, so sind geschäftliche Störungen zu erwarten.

Sieht man bei der Anfertigung eines Rads zu, wird man Anderen zu Hilfe eilen.

Geht ein Rad verloren, gemahnt dies zur Vorsicht vor einer Gefahr.

Findet man ein Rad, ist dies ein Zeichen für einen Gewinn.

Eine Rakete

Eine Rakete kann für ein Streben nach einem höheren Sein stehen, jedoch auch eine Warnung vor der Flucht in eine Traumwelt sein.

In der Europäischen Lehre der Traumdeutung steht die Rakete als Zeichen für Rastlosigkeit und Unzufriedenheit.

Lässt man im Traum eine Rakete aufsteigen, gilt dies als Zeichen, dass ein Höhenflug bald beendet sein wird.
Sieht man sich als Astronaut in einer Rakete, wird man eigene Probleme meistern können.
Ein bemannter Raketenflug verspricht die Lösung eigener Schwierigkeiten.
Raketen am Himmel bringen Beförderung und ein besseres Dasein.
Eine abstürzende Rakete wird Unannehmlichkeiten bringen.

Die Arabische Lehre der Traumdeutung sieht in der

Rakete den Wunsch nach Abenteuer und Wagnis.

Eine aufsteigende Rakete verspricht das Gelingen großer Pläne.

Eine Rakete zu sehen, weist auf eine kurze Bindung in der Liebe hin.

Sitzt man im Traum in einer Rakete, so sollte man sich vor Völlerei und Wagemut hüten, um seine Ziele schnell zu erreichen.

Regen

Regen ist ein Symbol unserer eigenen Gefühle und Emotionen. Er kann befruchten oder auch Zerstörung bringen.

In der Europäischen Lehre der Traumdeutung ist der Regen ein Bote unserer Wünsche und Hoffnungen.
Sieht man heraufziehenden Regen, so steht dies für ein rasches Gelingen unserer Pläne.
Regen zu sehen, bedeutet eine Verbesserung der Umstände.
Steht man in warmem Regen, so wird Erfolg beschieden sein.
Kalter Regen wird Probleme mit Anderen bringen.
Wird man vom Regen durchnässt, so wartet das Glück an einer nicht vermuteten Stelle.

Regenwasser zu sammeln, deutet auf gute Gesundheit.
Sieht man Andere im Regen stehen, so ist das ein Zeichen für eigenes Misstrauen gegenüber Bekannten.

Die Arabische Lehre der Traumdeutung sieht im Regen den Bringer von Gutem sowie auch Schlechtem.
Reiner Regen wird Glück und Wohlstand bringen.
Ein trüber Regen bringt Armut und Trauer.
Regen bei Sonnenschein steht für wechselndes Glück.
Ein Regenguss kündigt unerwartete Probleme an.
Fällt der Regen auf das Gesicht, so warten Glück und Freude.
Geht man im Regen dahin, wird Wohlstand auf den Träumenden warten.

Ein Reptil

Ein Reptil symbolisiert die instinktiven Reaktionen des Menschen und steht für elementare Bedürfnisse wie Essen und die Sexualität.

In der europäischen Lehre der Traumdeutung ist das Reptil der Künder von Feindschaft und Leid.

Wird man im Traum von einem Reptil angegriffen, so ist mit großen Problemen zu rechnen.
Ein Reptil zu töten, bedeutet, dass man eine Sache erfolgreich erledigen wird.
Erwacht ein totes Reptil wieder zum Leben, so werden alte Probleme erneut erscheinen.
Hat man Angst vor einem Reptil, welches Einem jedoch nichts antut, dann hat man Hohn zu erleiden.

Die Arabische Lehre der Traumdeutung sieht im Reptil einen Warner vor Feinden und Hinterlist.

Wird ein Reptil getötet, so wird es einen unangenehmen Besucher geben.
Sieht man sich selbst als ein Reptil, wird man sich in einer Streitigkeit erfolgreich durchsetzen.

Ein Riese

Ein Riese ist das Symbol für eine übergroße und zuweilen furchterregende Macht und kann auch von eigenen sexuellen oder seelischen Problemen sprechen.

In der Europäischen Lehre der Traumdeutung steht der Riese als das Symbol des Mannes, dessen Triebleben immer stärker zum Vorschein kommt.
Einen Riesen im Traum zu sehen, verspricht Erfolg und Glück in allen Unternehmungen.
Taucht ein Riese überraschend vor dem Träumenden auf, so stellt dies eine Warnung vor mächtigen Gegnern dar.
Wird man von einem Riesen aufgehalten, so wird der Träumende von Feinden besiegt.
Wird man von einem Riesen verfolgt, so werden riskante Unternehmungen von Erfolg gekrönt sein.

Hat man einen Riesen zum Freund, so ist dies ein Hinweis auf Hilfe bei eigenen Unternehmungen.
Läuft der Riese vor dem Träumenden davon, stehen Glück und Gesundheit zu erwarten.

Die Arabische Lehre der Traumdeutung sieht im Riesen ein Symbol für zu bekämpfende Minderwertigkeitsgefühle.
Einen Riesen im Traum zu sehen, verspricht Erfolg im Geschäftsleben.
Sieht man sich selbst als Riesen, so stellt dies eine Warnung vor Unvorsichtigkeit und Überheblichkeit dar.

Ein Schiff

Ein Schiff symbolisiert oftmals den Wunsch nach einer Veränderung im Leben und zeigt an, wie der Träumende mit den Lebensumständen zurecht kommt.

In der Europäischen Lehre der Traumdeutung ist das Schiff ein Symbol für Änderungen im positiven sowohl als auch im negativen Sinn.

Ein Schiff im Traum zu sehen, spricht von einer Veränderung in den eigenen Lebensumständen.
An Bord eines Schiffes zu sein, drückt den Wunsch nach einer Reise und Veränderung aus.
Ein abfahrendes Schiff kündigt eine Trennung an.
Auf dem falschen Schiff zu sein, zeigt an, dass man eine falsche Entscheidung getroffen hat.
Ein Schiff im Nebel warnt vor Gefahren.
Ein brennendes Schiff spricht von Verlusten.
Ein sinkendes Schiff kündigt einen Schlag des Schicksals an.

Die Arabische Lehre der Traumdeutung sieht in einem Schiff das Symbol entweder von Sicherheit oder auch Gefahr.

Ein Schiff in der Ferne kündigt eine Trennung an.
Ein Schiff mit vielen Menschen spricht von Einsamkeit.
Läuft ein Schiff im Hafen ein, so werden die Geschäfte günstig verlaufen.
Ein abfahrendes Schiff bedeutet Trennung von Freunden.
Ein geschmücktes Schiff steht für eine baldige Hochzeit.
Erleidet man Schiffbruch, so stehen die Geschäfte nicht zum Besten.

Schlange

Viele Menschen empfinden die Schlange aufgrund ihres lautlosen Dahingleitens als etwas Bedrohliches und Unheimliches. Dies mag auch an der Art liegen, wie Schlangen ihre Opfer entweder durch Gift oder durch Würgen töten, um sie anschließend zu verschlingen.

Im christlichen Kulturkreis hat die Schlange zudem ihren schlechten Ruf als Teufel aus dem Alten Testament. Andererseits steht das Symbol der Schlange durch das Vermögen, sich zu häuten, auch für das sich selbst erneuernde Leben. Auch für unbewusste Gefühle und Instinkte steht die Schlange ein.
Eine Schlange mit einer Krone auf dem Haupt versinnbildlicht die Abwehr oder auch Vergeistigung sexueller Bedürfnisse.

In der Europäischen Traumdeutung gilt die Schlange als Symbol der Sexualität, welches oftmals auch als bedrohlich empfunden wird.

So kann der Traum von einer Schlange auch als Warnung vor einer heimtückischen Frau gedeutet werden.

Verwandeln sich Haare im Traum in Schlangen, so warnt dies vor kleineren Problemen, welche in bedrohliche Dimensionen auszuufern drohen.

Eine weiße Schlange hingegen deutet auf Weisheit, eine sich häutende Schlange signalisiert, dass Jemand in der Lage sein kann, über sich hinaus zu wachsen.

Nach Sigmund Freud steht die Schlange für die Triebe des Menschen.

Auch in der **Arabischen Lehre der Traumdeutung** kennt man überwiegend negative Aspekte in Bezug auf die Schlange, so dass diese überwiegend mit Unglück und Feinden in Zusammenhang gebracht wird.

Wird man im Traum von einer eher kleinen Schlange gebissen, so bedeutet dies, dass der Träumende erkrankt oder sich vor Feinden in Acht nehmen soll.

(Hier gilt, je größer die Schlange im Traum, um so größer der jeweilige Einfluss)

Sieht man die gespaltene Zunge einer Schlange im Traum, so redet Jemand schlecht von dem Träumenden.

Tötet man eine Schlange im Traum, wird man die zu erwartende Bedrohung überwinden oder der Versuchung durch eine Frau widerstehen.

Spricht die Schlange im Traum, dann wird man fortan in Frieden mit seinen ehemaligen Feinden leben.

Auch hier gilt eine weiße Schlange als Botin der Weisheit.

Schnee

Schnee bedeutet in der Traumdeutung ein Symbol sowohl für Negatives als auch für Positives, so wie in der Philosophie der Tod auch gleichzeitig ein Neuanfang sein kann.

Schnee assoziiert man mit Reinheit, Klarheit, Anfang und Ende, also von der Idee zur konkreten Form.

Träumt man von Schnee, kann dies zum Ausdruck bringen, dass in oder mit unseren Gefühlen eine Veränderung stattfindet. Es kann somit bedeuten, dass Gefahr besteht, dass Gefühle am Erkalten sind, aber auch, dass diese wieder von Neuem belebt werden können.

Eine Schneeschmelze kann auch das Ablegen von Verbitterung und Verkrustungen symbolisieren.

Träume von Schnee sind in der Mehrheit von negativer Bedeutung, doch können sie auch als Warnung betrachtet werden und dann lässt sich vielleicht noch etwas zum Guten wenden, wie es ja bei den meisten Dingen der Fall ist.

In der europäischen Lehre der Traumdeutung sieht

man im Schnee unter anderem auch ein Erkalten der Gefühle, ein Schlafen der Natur und ein weißes Leichentuch sowie den Winter des Lebens, Vergangenes.

Sieht man im Traum fallenden Schnee als 'Gestöber', so kommt Kunde für eine bessere Zukunft zu Einem.
Sieht man hingegen dicke Flocken fallen, so sind private wichtige Probleme zu klären.
Sieht man durch eine Fensterscheibe große Flocken, so folgt eine Diskussion negativer Art mit dem Partner.
Ein Schneesturm, in dem man sich befindet, zeigt, dass man es trotz zu erwartender schwieriger Zeiten schaffen wird.
Im Schnee umher irren oder von ihm eingeschlossen sein, zeigt fortwährendes Pech, das auf den Träumer wartet.
Schnee über einer Landschaft dagegen verspricht Frieden und Eintracht im eigenen Heim.

Sieht man mit Schnee bedeckte Berge in der Weite,, so werden alle Bestrebungen, die unternommen werden, um etwas zu erreichen, zunichte gemacht.
Träumt man dagegen von strahlendem Sonnenschein über einer schneebedeckten Landschaft, so pocht das Glück wieder an die Tür.
Sieht man sich selbst in eine Schneeballschlacht verwickelt, kommen Probleme niedrigster Art auf Einen zu, die den eigenen guten Ruf gefährden.
Isst man Schnee im Traum, erreicht man seine ideellen Ziele nicht.
Sieht man schmelzenden Schnee, wendet sich alles zum Guten und die Hoffnung kehrt zurück.

Die arabische Lehre der Traumdeutung verbindet Sorgen und Qualen mit Schnee, Eis und Hagel als Symbole der Träume, so dass des Menschen Wünsche und Träume nicht erfüllt werden.

Hat man einen Traum, in welchem eine ansonsten schneefreie Landschaft von Schnee bedeckt ist, ist dieser Traum ein Zeichen für eine missratene Ernte.
Liegt dieser Schnee auch noch hoch und dicht, haben die

Bewohner mit dem Einfall von Feinden zu rechnen.

Steht man in einem Traum vor einem Berg aus Schnee, bedeutet das, dass man Rat eines guten Freundes benötigt.
Träumt man dagegen von einer unendlichen schneebedeckten Weite, wird man mit leeren Versprechungen abgespeist.
Ist hoher Schnee zu durchwaten, so warten Krankheit und Hindernisse.
Gelangt man in Schneegestöber, so hat man sich mit Unannehmlichkeiten auseinander zu setzen.
Von einer Schneeschmelze zu träumen, bedeutet, dass gute Aussichten auf Gelingen eigener Pläne und Vorhaben bestehen.
Das Sehen von Schneeflocken ist positiv in Bezug auf geschäftliche Erfolge.

Die Sonne

Die Sonne wird assoziiert mit Energie und Licht und gilt als Synonym lebenspendender Kraft.

In der Europäischen Lehre der Traumdeutung gilt die Sonne als ein mächtiges Symbol der menschlichen Energie.
Eine golden aufgehende Sonne sagt Ehrungen und Glück voraus.
Geht die Sonne blutrot auf, so deutet dies auf harte Kämpfe.
Ein Sonnenuntergang gemahnt, sich mit neuem Mut seinen Plänen zuzuwenden.
Die untergehende Sonne kündet von Verlusten.
Verschwindet die Sonne hinter Wolken, so ist Kummer zu erwarten.
Eine Sonnenfinsternis sagt stürmische Zeiten voraus.

Bewegt sich die Sonne schnell am Himmel, wird eine Katastrophe folgen.

In der Arabischen Lehre der Traumdeutung steht die Sonne für einen großen Herrscher.

Eine strahlende Sonne verheißt glückliche Zeiten.
Die aufgehende Sonne kündigt gute Nachrichten an.
Eine schöne untergehende Sonne spricht von einem sorglosen Alter.
Geht die Sonne trüb und vernebelt unter, so werden die Hoffnungen des Träumenden zunichte gemacht.
Eine von Wolken verdeckte Sonne bringt unerwünschte Zustände.
Eine verdunkelte Sonne steht für schlechte Geschäfte.

Die Spinne

Die Spinne symbolisiert in unserem Verständnis eine dunkle Kraft der Geduld und Organisation.
Als weibliche Verkörperung des Daseins, gilt die Spinne in manchen Kulturen als Urmutter allen Seins.

Die Europäische Lehre der Traumdeutung sieht in der Spinne eine Mahnung zur Vorsicht, zugleich auch als einen Bringer des Glücks in das eigene Heim.
Eine Spinne im Traum zu sehen, ist ein Hinweis auf Glück bei eigenem Fleiß.
Hängt eine Spinne am Faden, so hängt auch alles Glück am sogenannten seidenen Faden.
Viele Spinnen verkünden Leid und Verdruss.
Viele Spinnen in Netzen künden von Gesundheit und Glück.
Webt die Spinne ihr Netz, so ist man sicher und geborgen im eigenen Heim.

Läuft die Spinne über den Körper des Träumenden, wird mit kleineren Sorgen zu rechnen sein.

Wird man von einer Spinne gebissen, so wird man betrogen werden.

Kommt eine große Spinne auf Einen zu, wird bei einiger Vorsicht Erfolg anstehen.

Flüchtet man vor einer großen Spinne, droht der Verlust des Ersparten.

Fängt man eine Spinne, wird man einen schönen Besitz erwerben.

Das Töten einer Spinne kündigt einen Streit an.

Goldene Spinnen sind ein Zeichen für ein glückliches Leben.

Die Arabische Lehre der Traumdeutung sieht in der Spinne eine Weissagerin des
Schicksals.

Eine Spinne im Traum zu sehen, bringt trotz Neidern großes Glück.

Spinnt eine Spinne ein Netz, so wird der Träumende es durch Fleiß zu Wohlstand bringen.

Hängt die Spinne an einem einzigen Faden, so wird das Schicksal nicht beständig sein.

Läuft eine Spinne über den Leib, dann ist mit Sorgen und Kummer zu rechnen.

Tötet man eine Spinne, so tut man einem Freund Unrecht.

Die Sterne

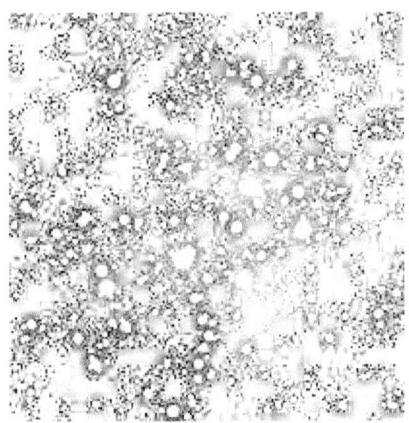

Die Sterne stehen als ein Symbol des spirituellen Erwachens und führen den Menschen in ungeahnte geistige Höhen.

Die Europäische Lehre der Traumdeutung sieht in den Sternen ein Sinnbild der eigenen Ziele im Leben.
Einen Stern im Traum zu sehen, kündigt eine wertvolle Freundschaft an.
Im Traum den Sternenhimmel zu sehen, spricht für eine glückliche Zukunft.
Klare und leuchtende Sterne stehen für Wohlstand und Gesundheit.
Trübe, rote Sterne verheißen Ärgernisse.
Dreht sich ein Stern um die Erde, so wartet eine Gefahr.
Ein sternenloser Himmel warnt vor einem falschen Lebensweg.

Die Arabische Traumdeutung erkennt in den Sternen die Mittler von Unglück oder Freude.

Einen Stern zu sehen, gilt als ein gutes Zeichen.
Verdunkelte Sterne deuten auf Verluste.
Viele Sterne zeigen eine glänzende Zukunft an.
Blinkende Sterne werden eine gute Nachricht bringen.
Fallende Sterne verheißen Glück und Erfolg.
Sterne der Milchstraße künden von Kindersegen.

Der Stier

Der Stier, als Symbol des männlichen Prinzips, steht ein für Stärke, Hartnäckigkeit und auch Fruchtbarkeit. Weitere Attribute des Stiers sind sein Durchsetzungsvermögen, Tatkraft und Energie.

In der Europäischen Lehre der Traumdeutung ist der Stier ein Symbol für männliche Kraft und Potenz.
Einen Stier im Traum zu sehen, deutet auf einen wohlwollenden Gönner hin.
Einen Stier zu besitzen, kündigt materielle Vorteile an.
Einen Stier zu töten, wird durch eigene Dummheit zu Verlusten führen.
Von einem Stier verfolgt zu werden, deutet auf innere Ängste vor der eigenen Leidenschaft und steht auch für Verluste allgemeiner Art.
Mit einem Stier zu kämpfen, gemahnt zur

Nachgiebigkeit.

Die Arabische Lehre der Traumdeutung sieht im Stier einen Mahner vor Rücksichtslosigkeit und ein Symbol der eigenen Leidenschaften.

Sieht man einen Stier, so denkt man an eine Verheiratung, sollte sich jedoch vor Habgier schützen.
Wird man von einem Stier verfolgt, so zeigt dies die Furcht vor dem eigenen Mut.
Ist man im Traum selbst ein Stier, droht Gefahr, seine Einkünfte zu verlieren.

Der Storch

Der Storch ist ein Symbol der eigenen Wünsche nach Nachkommen, aber auch der Erinnerung an die eigene Kindheit.

In der Europäischen Lehre der Traumdeutung gilt der Storch als die Verkörperung des Wunsches nach Kind oder Partner und gilt zudem als Symbol der Fruchtbarkeit.
Einen Storch zu sehen, deutet auf den Erhalt von Geschenken oder eines Kindes hin.
Sieht man im Traum ein Storchennest, so wird Friede im eigenen Heim herrschen.
Sieht man den Storch in seinem Nest, bedeutet dies reichen Kindersegen.
Fliegt der Storch in Richtung seines Nestes, wird eine glückliche Heirat folgen.
Junge Störche im Nest zeigen eine Verbindung zur Arbeit

mit Kindern.

Ein fortfliegender Storch verkündet Unannehmlichkeiten.

Die Arabische Traumdeutung erkennt im Storch ein Symbol für eine respektierte Person.

Einen Storch zu finden, wird Gesundheit und Glück bringen.

Die Flügel eines Storchs zu finden, bedeutet einen reichen Gönner.

Einen Storch im Traum zu sehen, bringt Umgang mit Kindern und deutet auf ein gutes Eheleben.

Sieht man einen fliegenden Storch, so stehen geschäftliche Unternehmen im Ungewissen.

Ein Storchennest ist Anzeichen für eine glückliche Ehe und ein friedliches Heim.

Ein Tal

Ein Tal versinnbildlicht die unbekannten Tiefen der menschlichen Seele und die Suche nach Schutz und Geborgenheit.

In der Europäischen Lehre der Traumdeutung gilt das Tal als Zeichen eines Tiefpunkts, doch auch als ein gewisser Punkt der Ruhe.

Befindet sich der Träumende in einem Tal, so kann dies ein Hinweis auf zu hoch gesteckte Ideale sein sowie eine Warnung vor Unbescheidenheit.
Ein schönes Tal im Traum zu sehen, deutet auf einfache, doch zufriedenstellende Lebensumstände.
Ein düsteres Tal zu sehen, deutet auf Verluste hin.
Geht man durch ein ansprechendes, grünes Tal, ergeben

sich vorteilhafte Veränderungen bei der eigenen Arbeit.
Geht man durch ein dürres, trockenes Tal, so ergeben
sich unvorteilhafte Veränderungen.
Ein sumpfiges Tal kündet von Krankheit und Problemen.

Die Arabische Lehre der Traumdeutung sieht in
einem Tal die Sehnsucht nach häuslichem Glück.

Ein Tal zu sehen, drückt den Wunsch nach einem
glücklichen Heim aus und spricht von Geheimnissen.
Sich in einem Tal zu befinden, deckt Wünsche nach
Erfolg auf.
Spaziert man durch ein Tal, so drückt dies innere
Zufriedenheit aus.
Durch ein idyllisches Tal zu wandern, verrät das
Erreichen bescheidener Ziele.
Ein dunkles und unansprechendes Tal deutet auf
Schwierigkeiten im Alltag.

Ein Ufer

Ein Ufer ist ein Symbol für die Grenze zwischen der Gefühlswelt des Menschen und dem diese kontrollierenden Verstand.

In der Europäischen Lehre der Traumdeutung stellt das Ufer den Mittler zwischen Bewusstsein und Unterbewusstsein dar.

An einem Ufer im Traum hin und her zu gehen, verweist auf das Erreichen eines Ziels.
Befindet man sich an einem Ufer, so wird eine kurze, fröhliche Zeit folgen.
An einem Ufer entlang zu laufen, bedeutet, ein Ziel unter Anstrengung zu erreichen.
Fährt man an einem Ufer entlang, so stehen Unannehmlichkeiten zu erwarten, welche jedoch bewältigt werden können.
Zu Pferd am Ufer entlang zu reiten, lässt den

Träumenden alle Probleme überwinden.

Die Arabische Lehre der Traumdeutung sieht im Ufer ein Symbol von Sehnsüchten und Wünschen.

Ein Ufer im Traum zu sehen, verweist auf uneingestandene Wünsche.
An einem Ufer entlang spazieren zu gehen, warnt davor, sein Verhalten in Bezug eines Wunsches beizubehalten.
Sieht man sich selbst an einem Ufer, so ist dies ein Zeichen, sein Verhalten zu ändern, um einen anderen Lebensweg einzuschlagen.

Die Uhr

Die Uhr gilt als ein Symbol für das Vergängliche und gemahnt den Träumenden, seine Zeit und somit sein Leben zu planen.

In der Europäischen Lehre der Traumdeutung steht die Uhr als Zeichen für die Pflichten des Menschen.

Hört man im Traum eine Uhr schlagen, so hat man eine wichtige Entscheidung zu treffen.
Eine Uhr zu sehen, steht für die Notwendigkeit zum Umdenken.
Eine Uhr, die stehen geblieben ist, im Traum zu sehen, verkündet das Ende einer Lebensphase.
Steht eine Uhr auf kurz vor Zwölf, so naht eine wichtige Entscheidung.
Eine Uhr aufzuziehen, wird einen neuen Lebensabschnitt einläuten.

Zu schnell laufende Zeiger drücken Unzufriedenheit aus.

Die Arabische Lehre der Traumdeutung erkennt in der Uhr den Hinweis zur Inangriffnahme von dringenden Handlungen.

Sieht man eine Uhr im Traum, so gemahnt dies zur Pünktlichkeit.
Eine goldene Uhr weist auf Neider hin.
Bekommt man eine Uhr als Geschenk, so wird man von einer Krankheit gesunden.
Eine Uhr aufzuziehen, bedeutet den Beginn eines neuen Lebensabschnitts.
Eine Uhr zurück zu stellen, ist ein Zeichen, dass man wichtige Entscheidungen verzögert.

Eine Umarmung

Eine Umarmung ist der Ausdruck des Wunsches nach Sicherheit und Zärtlichkeit.

In der Europäischen Lehre der Traumdeutung steht die Umarmung für das Bedürfnis nach Schutz und Wärme.

Im Traum eine Umarmung zu sehen, warnt vor falschen Freunden.
Die Umarmung zweier Liebender drückt den eigenen Wunsch nach Liebe aus.
Wird man im Traum umarmt, so steht dahinter die Angst,

von einem Menschen in Besitz genommen zu werden. Jemanden umarmen, wird eine neue Bekanntschaft bringen.

Die Arabische Lehre der Traumdeutung sieht in einer Umarmung eine Mahnung vor falschen Freunden und einen Vorboten von Streitereien.

Will man im Traum viele Menschen umarmen, so ist dies eine Warnung vor Verleumdern.
Eine gleichgeschlechtliche Umarmung warnt vor falscher Freundlichkeit Anderer.
Eine Umarmung beim anderen Geschlecht kündigt eine neue Bekanntschaft an.
Umarmt sich ein Liebespaar, so hat der Träumende den Wunsch nach Liebe.

Ein Unfall

Ein Unfall im Traum ist ein Zeichen für eine Veränderung im Leben und verweist zugleich auf Probleme des Träumenden.

In der Europäischen Lehre der Traumdeutung kann ein Unfall eine Vorausschau eines tatsächlichen Unfalls sein, drückt aber auch die Furcht vor Verantwortung aus.

Einen Unfall im Traum zu sehen, kann auf eine Gefahr für eine nahestehende Person hinweisen oder eine Warnung vor einem anderen Menschen sein.
Selbst einen Unfall zu erleiden, gilt als Warnung vor einem unverantwortlichen Menschen unserer Umgebung.

Ein Autounfall deutet auf Misserfolg im Geschäftsleben hin.
Ein Unfall auf dem Wasser spricht von privaten Problemen.

Die Arabische Traumdeutung erkennt im Unfall ein Zeichen der Mahnung vor falschem Umgang.
Einen Unfall zu sehen, warnt vor einem Menschen im Bekanntenkreis.
Einen Unfall zu erleiden, ist ein Zeichen für schlechte Geschäfte.
Ein Unfall in einem Flugzeug warnt vor dem Antritt einer weiten Reise.

Die Uniform

Die Uniform zeigt auf Konformität zu einer bestimmten Gruppe oder zu einer bestimmten Ansicht und kann auch den Wunsch nach Zugehörigkeit zu Menschen mit einer bestimmten Anschauung ausdrücken.

Die Europäische Lehre der Traumdeutung sieht in der Uniform eine Mahnung zur Selbstdisziplin und ein Zeichen für den Wunsch nach einem besseren Stand in der Gesellschaft.

Eine Uniform im Traum zu sehen, deutet auf Freunde mit einem gewissen Einfluss.
Eine Uniform anzuziehen, wird eine Auszeichnung bringen.

Trägt man im Traum eine Uniform, so wird es nicht gelingen, auf Jemanden einen guten Eindruck zu machen. Einen Menschen aus dem Bekanntenkreis in Soldatenuniform zu sehen, deutet auf ein unglückliches Ereignis.

Die Arabische Lehre der Traumdeutung sieht in der Uniform ein Zeichen des Respekts und der Würde.

Eine Uniform im Traum zu sehen, warnt vor Lug und Trug im eigenen Umfeld.
Eine Uniform zu tragen, verheißt Respekt und Ehrungen, kann aber auch ein Zeichen eigener Überheblichkeit sein.
Sich selbst in einer Uniform zu sehen, warnt vor falscher Eitelkeit.

Ein Vagabund

Ein Vagabund kann den Wunsch nach Freiheit und Unabhängigkeit symbolisieren, kann auch persönliche Eigenschaften verkörpern, welche in der Regel abgelehnt werden.

Die Europäische Lehre der Traumdeutung sieht in dem Vagabund ein Zeichen für innere Konflikte.

Einen Vagabunden im Traum zu sehen, kündet von schlechten Zeiten und Verlusten.
Mit einem Vagabunden zu verkehren, deutet auf schlechte Gesellschaft hin.
Sieht man sich im Traum selbst als Vagabund, so ist dies ein Zeichen für den Wunsch nach einem Leben mit wenig Arbeit und Pflichten.

Die Arabische Lehre der Traumdeutung erkennt im Traumsymbol des Vagabunden ein Zeichen der Ehre oder

Unehre sowie den Drang nach Freiheit.

Sieht man im Traum einen Vagabunden, so droht ein kummervolles Leben.
Mit einem Vagabunden zu sprechen, gefährdet den eigenen Ruf durch falschen Umgang.
Im Traum selbst ein Vagabund zu sein, ist ein Zeichen geringen eigenen Ehrgefühls.

Der Vampir

Der Vampir kann ein Zeichen für die ungezügelten Leidenschaften des Träumenden sein, ihn aber auch davor warnen, von Anderen ausgenutzt zu werden.

Die Europäische Lehre der Traumdeutung erkennt im Vampir ein Zeichen unserer primären Instinkte.

Einen Vampir im Traum zu sehen, warnt vor Ausnutzung und Ausbeutung.
Wird man im Traum von einem Vampir angegriffen, so stellt dies eine Warnung vor falschen Freunden dar.
Kämpft man im Traum erfolgreich gegen einen Vampir, so kann man sich vor den bösen Absichten eines Anderen retten.
Erscheint ein Bekannter im Traum als Vampir, so soll

man sich vor diesem Menschen hüten.

Die Arabische Lehre der Traumdeutung sieht im Vampir etwas das Leben bedrohende und zugleich ein Zeichen der Ausbeutung.

Einen Vampir im Traum zu sehen, gemahnt zur Vorsicht vor Ausbeutern und schlechter Nachrede.
Sieht man sich selbst als einen Vampir, so ist das ein Zeichen zur Vorsicht in Dingen der Liebe.

Der Vater

Der Vater ist das Sinnbild der Autorität und Kontrolle.

In der Europäischen Lehre der Traumdeutung gilt der Vater als das Symbol der traditionellen Ordnung.

Den Vater im Traum zu sehen, steht für das Bedürfnis nach einem guten Rat.
Mit dem Vater im Traum zu sprechen, wird gute Zeiten bringen.
Sieht der Vater krank aus, so folgen harte Zeiten.
Den bereits verstorbenen Vater zu sehen, bringt eine unerwartete Hilfe.
Sieht man den Vater sterben, so wird sich Dieser an einem langen Leben erfreuen.

Die Arabische Lehre der Traumdeutung sieht im Vater das Symbol einer Respektsperson.

Den Vater im Traum zu sehen, warnt vor einem unvorteilhaften Plan.

Spricht man mit dem Vater, so wird Glück und Erfolg zu erwarten sein.

Ein nickender Vater kündet die Erfüllung eines Wunsches an.

Lacht der Vater, so steht Nachwuchs ins Haus.

Vögel

Vögel stehen als Symbol des Wunsches nach Freiheit oder auch Flucht und versinnbildlichen die menschlichen Ideen und Phantasie.

In der Europäischen Lehre der Traumdeutung stehen Vögel für die Freiheit und Sorglosigkeit des Lebens.

Sieht man im Traum einen Singvogel, so wird man Neuigkeiten erfahren.
Ein Zugvogel ist das Zeichen einer Veränderung.
Einen Raubvogel zu sehen, deutet auf Feinde hin.
Ein Vogel in einem Käfig lässt Wohlstand erwarten.

Die Arabische Lehre der Traumdeutung sieht in Vögeln die Verkünder des geschriebenen Schicksals.

Vögel im Traum singen zu hören, wird frohe Botschaften bringen.
Ein Vogelpaar ist der Hinweis auf Gründung eines Heims.
Dunkle Vögel warnen vor falschen Freunden.
Ein großer Vogel warnt vor gefährlichen Situationen.
Davonfliegende Vögel kündigen schwierige Zeiten an.
Einen Vogel zu fangen, wird Unangenehmes bringen.
Ein prächtiger Vogel sagt Wohlstand voraus.

Die Waage

6 cm

Die Waage verdeutlicht die Wichtigkeit der Selbstbeherrschung und Ausgewogenheit und gilt als Symbol für Gerechtigkeit und Harmonie.

In der Europäischen Lehre der Traumdeutung gilt die Waage als Mahnerin zur Gerechtigkeit gegenüber Anderen und sich selbst.

Eine Waage im Traum zu sehen, ist ein Zeichen für bevorstehende Entscheidungen.
Sieht man eine ausgewogene Waage, so wird eine Zeit der Harmonie folgen.
Etwas auf eine Waage zu legen, bedeutet Wohlstand durch eigene Vernunft.
Wiegt man etwas sorgfältig ab, so wird man richtige

Entscheidungen treffen.

Wiegt man etwas falsch ab, so wird man eine falsche Entscheidung treffen.

Auf einer Waage zu stehen, zeigt, dass man unverzeihliche Fehler begangen hat.

Die Arabische Lehre der Traumdeutung sieht in der Waage einen Hinweis zur Besonnenheit bei eigenen Entscheidungen.

Eine Waage zu sehen, warnt vor unüberlegten Entscheidungen.

Etwas abwiegen, soll dem Träumenden sagen, nicht jedes Wort auf die Goldwaage zu legen.

Eine Waagschale sich neigen zu sehen, wird eine folgenschwere Entscheidung von dem Träumenden verlangen.

Auf einer Waage zu stehen und sich selbst zu wiegen, spricht von einem eigenen Fehler.

Ein Wald

Ein Wald symbolisiert das innere Selbst des Träumenden und gilt als ein Lehrer, der dabei hilft, den Sinn des Lebens zu verstehen.

In der Europäischen Lehre der Traumdeutung gilt der Wald als Geburtsort des menschlichen Seins und Symbol des Unbewussten.

Einen Wald im Traum zu sehen, bedeutet, dass der Träumende Probleme mit der alltäglichen Realität zu gewärtigen hat.
Ein grünender Wald ist ein Zeichen für eine glänzende Zukunft.
Ein Waldrand sagt das Ende einer Beziehung voraus.
Befindet man sich im Traum in einem dichten Wald, so werden allerlei Probleme auf den Träumenden zukommen.

In einem Wald Holz zu fällen, bringt Erfolg durch eigene Arbeit.

Ein Waldbrand mahnt vor einer Krankheit.

Die Arabische Lehre der Traumdeutung sieht in einem Wald den Mahner zu Bescheidenheit und Respekt vor den Dingen der Natur.

Einen Wald zu sehen, zeigt eine angenehme Zukunft an.

Ein Laubwald steht für Gesundheit und Wohlergehen.

Ein Nadelwald ist ein Zeichen für ein langes Leben.

Ein düsterer Wald warnt vor einer Gefahr.

Ein Waldbrand ist ein Vorzeichen für schlimme Ereignisse.

Ein Wald mit dürren Bäumen steht für Armut und Not.

Ein Wappen

Ein Wappen gilt als ein Symbol für Ehrgeiz, Macht und Ehre und verweist auf die innere Persönlichkeit des Menschen.

In der Europäischen Lehre der Traumdeutung steht das Wappen für Aufstieg und Niedergang und warnt den Menschen zudem vor Hochmut.

Im Traum ein Wappen zu sehen, ist ein Zeichen, dass der Träumende den Schutz eines wohlwollenden Freundes genießt.
Im Traum sein eigenes Wappen zu sehen, deutet auf allerlei Missgeschick und Enttäuschungen.
Ein prächtiges Wappen warnt vor zu viel Ehrgeiz und Hochmut.
Ein beflecktes Wappen spricht von einer eigenen

Schande.

Die Arabische Lehre der Traumdeutung erkennt in einem Wappen ein Zeichen von Ruhm und Ehre.
Ein Wappen im Traum zu sehen, weist auf hohe Ehrungen hin.
Ein Wappen anzufertigen, zeigt, dass man sich auf Freunde und Familie verlassen kann.
Ein prächtiges Wappen mahnt vor zu viel Ehrgeiz.
Vernichtet man im Traum ein Wappen, so hat man selbst seine Ehre verspielt.

Der Wolf

Der Wolf symbolisiert sowohl die menschlichen Triebe als auch Loyalität gegenüber einer Gemeinschaft.

In der Europäischen Lehre der Traumdeutung steht der Wolf für das Unbekannte im Menschen und wird verbunden mit einer gewissen Rücksichtslosigkeit.

Einen Wolf zu sehen, zeigt die Angst vor etwaigen falschen Freunden.
Das Geheul eines Wolfs deutet auf eine Verschwörung hin.
Reißt der Wolf ein Lamm, so sind Verleumdungen zu erwarten.
Wird man vom Wolf verfolgt, droht eine ernste Gefahr.
Verfolgt man selbst einen Wolf, so werden bestehende

Gefahren überwunden.

Mit einem Wolf zu kämpfen, verweist auf einen Rivalen.

Einen Wolf zu töten, wird uns in die Lage versetzen, Verleumder auszuschalten.

Die Arabische Lehre der Traumdeutung sieht im Wolf einen unersättlichen Mächtigen, gegen den es sich zu wehren gilt.

Einen Wolf zu sehen, bedeutet einen starken Rivalen in der Geschäftswelt.

Ein Rudel Wölfe bedeutet einen Angriff von Feinden.

Ein heulender Wolf warnt vor Gefahren.

Einen Wolf zu erschießen, wird den Träumenden in die Lage versetzen, seine Gegner los zu werden.

Zähne verlieren

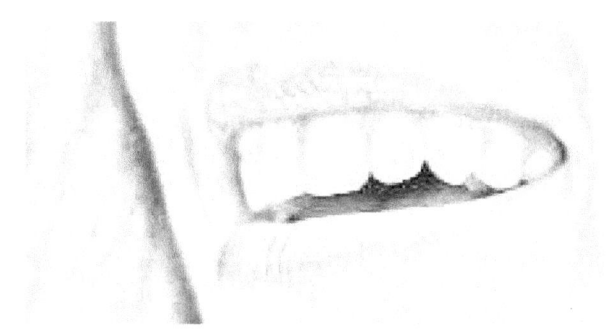

Zähne stehen in der Traumdeutung für Macht beziehungsweise Ohnmacht des Individuums.
Dies beinhaltet die Macht der Kommunikation, der Fortpflanzung sowie der Fähigkeit, sich selbst zu ernähren – im Sinn der eigenen Unabhängigkeit.
So versteht man darunter, dass gute und gesunde Zähne für Erfolg und Gewinn stehen, schlechte und beschädigte jedoch für das Gegenteil.
Der Verlust eines Zahnes bedeutet also immer eine negative Erfahrung, einhergehend mit einer Schwächung.

In der europäischen Lehre der Traumdeutung ist der Zahn zugleich mit dem Symbol der Macht auch als ein sexuelles Symbol zu verstehen.
Ein Zahnausfall bedeutet stets einen Verlust, wobei man noch zu unterscheiden hat, wie und wie viele Zähne verloren gingen.
Bei Verlust nur eines Zahnes im Traum hat man unangenehme Neuigkeiten zu erwarten.
Beim Ausfallen von zwei Zähnen widerfährt Einem Unangenehmes ohne eigene Schuld.

Bei dreien erwartet Einen Krankheit oder Unfall.

Verliert man alle Zähne, steht großes Unglück, wie etwa ein Todesfall in der Familie, Pech beim Geschäft, Hunger oder eine Verletzung des eigenen Stolzes an.

Verliert man Zähne unter Schmerzen, hat dies dies stets Tod zu bedeuten.

Wird ein Zahn ausgespuckt, erkrankt man selbst oder ein enger Angehöriger.

Nächste Angehörige wie etwa Kinder werden durch die Vorderzähne versinnbildlicht, wobei die oberen männliche und die unteren weibliche bedeuten.

Die rechten Schneidezähne stehen für den Vater, die linken für die Mutter.

Zieht man sich selbst einen Zahn, bedeutet das falsche Einschätzung relevanter Dinge oder eine Fehlspekulation.

Wird hingegen vom Zahnarzt ein Zahn gezogen, verliert man einen unangenehmen Menschen aus den Augen oder wird mit den Problemen eines Anderen konfrontiert.

Sieht man sich selbst ohne Zähne, bedeutet das, dass man unfähig sein wird, seine Interessen in eigener Sache zu vertreten oder dass Krankheit eigene Pläne durchkreuzt.

Die arabische Lehre der Traumdeutung sieht in den vier Zähnen hinter den Vorderzähnen die Kinder der eigenen Geschwister und entfernte Verwandte.

So wird eine dieser Personen betroffen sein, wenn im Traum mit dem entsprechenden Zahn etwas geschieht.

So bedeutet es, dass die betreffende Person erkrankt, wenn der Zahn wackelt oder brüchig ist.

Wird ein Zahn dagegen gezogen oder fällt aus, bedeutet das den Tod.

Backenzähne stehen für von der Familie abhängige Alte, wobei die oberen männliche und die unteren weibliche Angehörige symbolisieren.

Wird einer dieser Zähne schwarz, wackelig oder schmerzt, droht Krankheit. Wenn der Zahn fault oder zerbricht, wird die Person unweigerlich dahin siechen oder aber arm sterben.

Sieht man sich mit lockeren Zähnen im Traum, so ist der Verlust von Besitz oder Angehörigen zu befürchten.

Verliert man Zähne ohne Schmerzen, so verliert man durch Tod entfernte Verwandte oder Bekannte.

Werden Zähne hingegen unter Schmerzen verloren, stirbt ein nahes Familienmitglied.

Werden im Traum Zähne eingeschlagen, hat man mit brutalen Menschen zu tun.

Hält man einen Zahn in der Hand, hat man Zuhause nichts zu melden.

Kann man einen Zahn nicht finden, so besteht Gefahr, dass man ausgelacht wird.

Ein Zaun

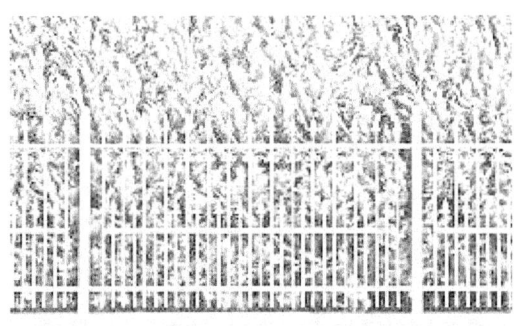

Ein Zaun symbolisiert soziale Barrieren und Schranken der Gesellschaft und steht zudem für das Bedürfnis nach Sicherheit und Privatsphäre.

In der Europäischen Lehre der Traumdeutung gemahnt der Zaun zu eigenen Anstrengungen, um die Hindernisse des Lebens beseitigen zu können.

Einen Zaun im Traum zu sehen, lässt erkennen, dass der Träumende vor allerlei Schwierigkeiten steht.
Steht man vor einem Zaun, so zeigt dies, dass der Träumende in der Lage sein kann, Hindernisse aus dem Wege zu räumen.
Einen Zaun zu überwinden, zeigt den Ausweg aus einem Dilemma.
Fällt man von einem Zaun, so wird eine Unternehmung erfolglos bleiben.
Errichtet man einen Zaun, so wird man mit Fleiß zu

Wohlstand kommen.

Die Arabische Lehre der Traumdeutung erkennt in einem Zaun ein Symbol für geistige Grenzen.

Sieht man im Traum einen Zaun, so ist dies eine Warnung vor Hemmnissen.
Ein Zaun aus Stacheldraht warnt vor dunklen Gefahren.
Vor einem Zaun zu stehen, gilt als Aufforderung zu eigenem Handeln.
Über einen Zaun zu springen, bedeutet die Überwindung aller Hindernisse.

ÜBER DEN AUTOREN

Der Autor, Bernd Michael Grosch, geboren 1954 in
Rheinland-Pfalz, sieht sich als eine Art
'Weltenbummler', der bereits 1973, im Alter von 18
Jahren zum ersten mal Deutschland verließ, um
einen Gutteil der Erde und ihrer Bewohner
kennenzulernen und fast neun Jahre in Indien zu leben.
Die so gemachten Erfahrungen wurden zum Teil in
mehreren Büchern verarbeitet.

Seit März 2009 lebt der Autor wieder in Deutschland.